QUIEN BIEN TE QUIERE TE HARÁ FELIZ

ANDREA VICENTE
@PSICOLOGA_ANDREAVICENTE

QUIEN BIEN TE QUIERE TE HARÁ FELIZ

EL MÉTODO REVOLUCIONARIO QUE TRANSFORMARÁ TU **RELACIÓN DE PAREJA**

HarperCollins

Cualquier forma de reproducción, distribución, comunicación pública
o transformación de esta obra solo puede ser realizada con la autorización
de sus titulares, salvo excepción prevista por la ley.
Diríjase a CEDRO si necesita reproducir algún fragmento de esta obra.
www.conlicencia.com - Tels.: 91 702 19 70 / 93 272 04 47

Editado por HarperCollins Ibérica, S. A.
Avenida de Burgos, 8B - Planta 18
28036 Madrid

Quien bien te quiere te hará feliz. El método revolucionario que transformará tu relación de pareja
© 2024, Andrea Vicente Fenoll
© 2024, para esta edición HarperCollins Ibérica, S. A.

Todos los derechos están reservados, incluidos los de reproducción total
o parcial en cualquier formato o soporte.

Diseño de cubierta: CalderónStudio
Dibujos de interiores: Araceli Domingo Vicente
Diseño y maquetación de interiores: Raquel Cañas
Fotografía de la autora: Iván Ladejo

ISBN: 978-84-1064-077-1
Depósito legal: M-15034-2024

A aquellos que creen en el poder del aprendizaje constante,
especialmente en el arte del amor.
Porque como cualquier otra disciplina,
el amor se perfecciona con la práctica,
la paciencia y el entendimiento.

Que estas páginas sirvan de guía en el viaje
hacia un amor más profundo y significativo.

ÍNDICE

Prólogo

Siempre fui una chica de compromisos serios. Eso de ir de flor en flor no era lo mío.

Durante mucho tiempo creí que la elección que hacía en mis relaciones era la acertada. Sin embargo, a pesar de la aparente estabilidad, algo no encajaba del todo. Me encontraba atraída por lo prohibido, por los desafíos; incluso llegué a sumergirme en una relación tóxica con un narcisista. Fue en ese momento cuando algo hizo clic en mi mente. Me di cuenta de que tal vez el problema no residía en el exterior, sino en mi interior. ¿Por qué siempre elegía mal? ¿Por qué me sumergía en dinámicas tan poco saludables?

Reflexionando sobre mis patrones de comportamiento, descubrí que si no sentía esa euforia del principio, rápidamente me fijaba en otras personas. Cambiaba el foco de mi atención sin considerar las consecuencias, buscando de forma constante algo nuevo y emocionante. En ocasiones hasta saboteaba yo misma la relación sin saber que estaba actuando en mi contra.

En lugar de abordar los problemas de frente, permitía que mis inseguridades y miedos dictaran mis acciones. En lugar de comunicarme honestamente con mi pareja, optaba por comportamientos autodestructivos que solo empeoraban la situación. En vez de trabajar en la relación, hacía todo lo posible para dejarla, como si estuviera buscando una excusa para escapar de algo que en realidad no deseaba enfrentar.

Fue un proceso difícil y doloroso, pero poco a poco fui tomando conciencia de esos patrones de comportamiento y las razones que había detrás de mis acciones. Aprendí a reconocer mis inseguridades y afrontarlas de manera saludable en lugar de dejar que controlaran mi vida amorosa. Aprendí que una relación sana no se trata solo de la emoción del inicio, sino de trabajar juntos para superar los desafíos y crecer como individuos y como pareja.

Después de terminar la carrera y mientras preparaba el máster, quedé cautivada al escuchar a la profesora de terapia de pareja brindar consejos sobre cómo abordar las dinámicas de las relaciones en consulta; algunos me los llevaba a mi vida diaria y me ayudaron muchísimo. Este interés repentino hizo que realizara mi trabajo de investigación precisamente sobre las parejas.

A lo largo de ese año analicé —las redes sociales me ayudaron a estudiar a centenares de personas— la comunicación, la confianza, la intimidad sexual, los celos, la gestión emocional y una multitud de variables más que influyen en la dinámica de las relaciones. Esta inmersión en el mundo de las parejas solo reafirmó mi convicción de que la comprensión de estas complejidades es fundamental. Por eso me propuse especializarme en este campo y explorar a fondo el arte del amor y la convivencia.

Así nació este libro. Después de cometer tantos errores, pasar por relaciones que me enseñaron más de lo que jamás imaginé, sentí la urgencia de compartir mis aprendizajes.

Quiero ofrecer las claves que descubrí para construir uniones sólidas y saludables. Creo firmemente que el amor es un arte que se aprende y que todos merecemos relaciones que nos hagan crecer y prosperar.

Querido lector, en estas páginas encontrarás no solo reflexiones personales, también herramientas que te inspiren y te guíen hacia una comprensión más profunda y menos superficial de lo que en realidad implica estar en pareja. Compartiré contigo una serie de preguntas que espero te ayuden a identificar situaciones tóxicas, establecer límites y fortalecer tu autoestima con el fin de sacar el máximo partido a tus relaciones. Y recuerda: el amor verdadero no duele ni te hace llorar.

Juntos podemos descubrir un amor más maduro y satisfactorio, lleno de respeto y crecimiento mutuo, porque el amor sincero te da libertad, te eleva y te hace feliz.

1
El amor ideal

¿Por qué creamos tantas expectativas en nuestras relaciones de pareja? ¿Por qué idealizamos el amor?

Todos hemos fantaseado con un amor idílico, de película, pero debemos recordar que la realidad puede ser diferente. A veces las personas creen que el amor es perfecto y que no hay problemas ni dificultades en una relación, lo cual es una idea errónea. La verdad es que todas las relaciones tienen altibajos y momentos difíciles, pero es importante aprender a superarlos juntos y crecer como pareja. El amor verdadero requiere trabajo y compromiso, y es normal tener diferencias y desacuerdos. Al aceptar esto, se pueden construir relaciones más saludables y satisfactorias.

A consulta vienen pacientes decepcionados por este motivo. Algunos porque creen que su historia de amor es un cuento de hadas, que el vivieron felices y comieron perdices es real, pero el tiempo les demuestra que el cuento no termina así.

Cuando hablamos de relaciones de pareja, el área en el que llevo años trabajando, me encuentro con que el motivo de ese descontento se debe a las expectativas que nos creamos sobre el amor idílico, que condiciona el comportamiento o la visión que tenemos hacia la otra persona. Por eso, conocer los mitos sobre el amor que asociamos con encontrar a alguien para el resto de la vida es esencial para vivir un sentimiento realista de la relación y no engañarnos con los cuentos de princesas con final feliz que nos contaron de pequeños.

Hay muchas falsedades, mensajes e imágenes que recibimos respecto al amor que han llegado hasta hoy —y que veo muy a menudo— que es importante desterrar. Conocerlos y ser conscientes de ellos te ayudará a reflexionar sobre tu relación con el fin de cambiar la ruta de muchas ideas preconcebidas que te pueden provocar sufrimiento e insatisfacción.

El peligro de las falsas creencias

El mito de la media naranja

¿Quién no ha fantaseado con encontrar a su media naranja? Pensar que existe una persona especial en algún lugar que te complementa, que es tu otra mitad, que está predestinada solo para ti. La expresión de la media naranja la encontramos por primera vez en la obra de Platón, *El banquete*. Según la historia, en el pasado los humanos eran seres con cuatro brazos, cuatro piernas, dos caras y una sola cabeza. Zeus, el dios del Cielo, se enfadó con ellos y los separó en dos. Estas mitades se sintieron incompletas la una sin la otra, y vagaron por el mundo buscando volverse a juntar. Posiblemente, esta idea, considerarnos como seres incompletos sin otra persona al lado, es la que nos provoca una insatisfacción constante, porque nadie llegará a ser el príncipe o la princesa con los que soñamos.

Debemos partir de la base de que todos somos naranjas completas, la pareja solo potencia la felicidad o una parcela más de aquello que conforma la vida. Podemos encontrar a una persona especial y con ella hacer un «zumo» exquisito y muy apetecible. Quizá nos sentimos incluso más que saciados y satisfechos, pero es un error pensar que necesitamos a alguien para llenar vacíos vitales que incluso es posible hayamos ocasionado nosotros mismos. No es así, cada naranja en sí está completa, tiene sus propios gajos. Cada juicio, cada alegría, cada placer, cada imperfección, cada carencia, cada pasatiempo, cada momento, cada vivencia... son tus gajos. Y en conjunto es lo que te hace una persona ÚNICA, distinta a todas las demás.

La felicidad no depende de nadie más que de nosotros. El objetivo es que busquemos una pareja que nos complemente, nos impulse y nos haga crecer.

Creer que para alcanzar la plenitud es preciso compartir una vida es un mensaje limitante que nos acerca a la idea de que no nos conformamos con lo que somos. No podemos ni debemos responsabilizar a otros de una felicidad que solo está en nuestras manos. Debemos cuidar del bienestar personal y para ello hemos de trabajar la autoestima. Será la manera de alcanzar el equilibrio emocional.

Amar a alguien es una decisión individual y nunca hemos de tomarla pensando en que es la única forma para ser feliz o que la persona que encontremos será perfecta, porque ninguna lo es. De hecho, conseguiremos la felicidad absoluta cuando nos aceptemos a pesar de no tener pareja o nos olvidemos de agradar constantemente a la que tenemos para cumplir sus deseos. Grábate a fuego:

No necesitas a nadie para ser feliz.

El mito de que los polos opuestos se atraen

Al conocer a alguien, la química del amor nos juega malas pasadas, y esas diferencias que captan nuestra atención con el tiempo suelen convertirse en problemas que dificultan el entendimiento de la pareja. Si somos personas a las que nos encanta el orden y comenzamos a convivir con alguien que es un desastre, durante los primeros días de convivencia la emoción de vivir juntos hará que aguantemos decirle cuatro cosas, pero al cabo de dos meses, cuando vayamos recogiendo todo lo que va dejando por medio… ya no será tan bonito.

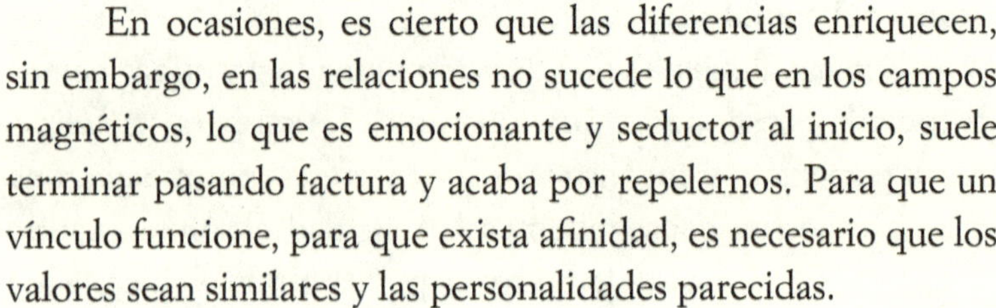

No hay una fórmula matemática que nos garantice que una relación vaya a funcionar, pero se entiende que a más discrepancias, más conflictos.

En ocasiones, es cierto que las diferencias enriquecen, sin embargo, en las relaciones no sucede lo que en los campos magnéticos, lo que es emocionante y seductor al inicio, suele terminar pasando factura y acaba por repelernos. Para que un vínculo funcione, para que exista afinidad, es necesario que los valores sean similares y las personalidades parecidas.

Recuerdo un directo que hice en Instagram con un joven que se dedicaba a dar consejos financieros. Me sorprendí al oírle hablar sobre el tema del dinero y de cómo este interfiere en la relación de pareja.

—Yo nunca estaría con alguien que ganase mil euros —dijo en un momento dado.

Estaba segura de que tras esta afirmación muchos pensarían: «¡Qué chico más materialista!». Rápidamente le pedí que se explicara, porque sabía que más de una persona iba a criticar el comentario. Y lo hizo. Para él era esencial viajar por el mundo, aseguró que tenía gustos caros —restaurantes, ropa de marca, hoteles de cinco estrellas...— y que dentro de sus valores no entraba el pagar todas las cosas a su pareja, ya que le gustaba ganarse su dinero, ahorrar y pasar medio año viviendo en el extranjero. Eso conllevaba un estilo de vida atípico y no todos podían permitírselo. Señaló que había trabajado mucho para llegar donde estaba y quería a una mujer que le siguiera su ritmo. En su pensamiento no concebía una relación sin esos lujos. Sus valores respecto al dinero y el amor le hicieron, en muchas ocasiones, salir corriendo después de cinco citas porque sabía que esas discrepancias iban a alterar su bienestar emocional y psicológico, y prefería cuidarse él.

Estuviera o no de acuerdo con su opinión, destaco como profesional que en consulta tengo claro que a mayor diversidad de pareceres, más difícil se hace el caso, el proceso terapéutico es más largo y no siempre conseguimos que la relación funcione. Es más, acabamos trabajando la separación porque termina siendo la solución más idónea para la pareja.

El mito de quien bien te quiere te hará llorar

Antes se pensaba que donde había amor había dolor, y esta idea lo que ha hecho es normalizar relaciones tóxicas en las que el sufrimiento está presente la mayor parte del tiempo.

El amor jamás debe hacerte llorar.

Llorar es saludable cuando a la persona a la que amamos le ha sucedido algo grave y esa situación nos genera tristeza, pero permanecer en un lugar en el que nos están haciendo daño a propósito, eso no es querernos, eso no es amor. A eso se le llama dependencia emocional.

Si nuestra felicidad depende de que nuestra pareja esté bien con nosotros, y, si no lo está, esto nos incapacite para atender el día a día de manera efectiva, nuestro trabajo, la familia, los *hobbies*… es que la relación no es sana. En un amor sano la relación fluye, nos nutre, nos hace sentir mejor. Tal vez el problema no radique en la otra parte, tal vez seamos nosotros los que nos tratamos mal, los que no nos hablamos con cariño, respeto y total aceptación. Si en verdad nos quisiéramos, en ningún caso permitiríamos el insulto, los gritos, las manipulaciones…

Te invito a que reflexiones sobre estas cuestiones que te propongo con el fin de averiguar si eres dependiente emocional de tu pareja y cómo se encuentra tu autoestima:

- ¿Soportas la soledad, la distancia emocional o física de tu pareja?
- ¿Te genera estrés, tristeza o ansiedad?
- ¿Sientes miedo a la soledad y esto te lleva a permanecer en relaciones que son tóxicas, a pesar de saber que son insatisfactorias y destructivas?

- ¿Tiendes a ser una persona sumisa y no eres capaz de expresar tus opiniones por miedo a que otro se moleste?
- ¿Tienes una baja autoestima, un diálogo interno muy negativo y no valoras tus cualidades?
- ¿Tienes excesiva necesidad de agradar en la relación y sientes una preocupación constante sobre la impresión que das?
- ¿Eres muy influenciable por el criterio de tu pareja?
- ¿Tienes una gran necesidad de complacer sus demandas, deseos y expectativas?
- ¿Realizas incesantes autosacrificios para complacerla, experimentando en muchas ocasiones sentimientos de culpa si no haces lo suficiente?
- ¿Te produce angustia o miedo exagerado la separación? («Si me deja, me muero», «No puedo vivir sin ella»...).
- ¿Sientes un impulso continuo de saber de ella? (Miras sus redes, si se encuentra en línea, quieres saber con quién está, qué hace...).

Si has respondido afirmativamente a la mayoría de las preguntas, y te sientes identificado con muchos de los síntomas expuestos, es necesario que comiences a trabajar tu autoestima para poder salir de la dependencia emocional y disfrutar de otras relaciones más sanas.

Recuerda que no estás solo en este camino y que buscar ayuda es esencial para tener una vida plena y satisfactoria. Practica la autocompasión, desafía tu diálogo interno negativo y establece límites saludables en tus relaciones. Trabaja en reconocer y valorar tus cualidades, enfócate en tus logros y rodéate de personas que te apoyen y te animen a ser tu mejor versión. La autoestima no se construye de la noche a la mañana, pero con esfuerzo y dedicación es posible lograr un cambio significativo.

El mito de que los celos son una muestra de amor

Falso, ni son una muestra ni una señal de amor. Lo único que prueban los celos es inseguridad, sospecha hacia la persona amada y un sentimiento de inferioridad. Quien nos quiere bien se fía de nosotros, pues el amor está basado en vivir un vínculo seguro donde sintamos apoyo y confianza incondicional. La RAE los define como una «sospecha, inquietud o temor de que la persona amada deposite su cariño en otra».

Esta emoción o sentimiento aparece por el deseo desmesurado de poseer algo que creemos nos pertenece tan solo a nosotros, como si de propietarios de un objeto se tratara. Como una emoción más, hay que detectar si los celos son funcionales o disfuncionales, porque podría afectar a los pensamientos y a las conductas.

Teresa y Juan son matrimonio. Se conocieron cuando aún estaban casados de sus antiguas parejas y después de pensarlo mucho decidieron romper, divorciarse e iniciar una vida en común. De esto han pasado seis años.

Un día, Juan le cogió el móvil y vio unos mensajes que Teresa había compartido con un compañero de trabajo. Ella le aseguró que solo había sido un tonteo y nada más. Desde entonces no se fía, le revisa el teléfono, el ordenador e incluso está pendiente de las salidas que hace.

Teresa y Juan acudieron a terapia porque tenían problemas de convivencia. Ella había intentado tranquilizarlo de todas las formas posibles y, para demostrarle que sus celos eran infundados, había terminado aceptando su control. Pero en vez de ir a menos, su desconfianza había ido a más e incluso se había puesto agresivo. Él pensaba que algo existía y que si indagaba a fondo, encontraría la evidencia a sus sospechas. Estas conductas se fueron intensificando debido a que Teresa permitía que Juan estuviera todo el tiempo reasegurando, y eso alimentaba su ansiedad y dependencia hacia ella.

En el momento en el que nos esforzamos por justificar cada uno de los comportamientos, dando pruebas incluso de que decimos la verdad, la pareja se sentirá tranquila durante un breve espacio de tiempo, pero su obsesión por encontrar la «prueba» de la infidelidad irá a más.

Los celos generan una excesiva hipervigilancia y acaban destruyendo la relación.

Cuándo son celos normales y cuándo patológicos

Imaginemos que a la empresa en la que trabaja nuestra pareja llega una persona nueva y rápidamente notas que hay buena sintonía entre los dos. Es probable que nuestra imaginación vuele y que pensemos que podría surgir algo entre ellos. No obstante, en vez de que la cosa vaya a más y generar un problema responsabilizándola o culpándola de algo inexistente, lo que deberíamos hacer es trabajar en la relación para reforzar la confianza. Esta situación nos ha podido pasar a todos. Son los típicos celos normales. La amamos muchísimo y que alguien se fije en ella despierta en nosotros una pequeña sensación de intranquilidad; aun así, somos capaces de racionalizarlo. Ahora bien, si llegamos a casa y empezamos a rumiar con que nos va a ser infiel, entramos en su móvil a escondidas, la interrogamos constantemente para saber de qué habla con el compañero o la compañera que acaba de llegar y reaccionamos de manera brusca y enfadada cuando nos cuenta algo de lo que han hecho o dicho, nuestra actitud nos habla de celos patológicos. Ante tanto control, y aunque no está haciendo nada malo, comenzará a omitirnos información e incluso a mentirnos, lo que empeorará aún más la situación y provocará una brecha en la relación.

En el caso de Juan y Teresa, si ella ocultaba que había quedado con un amigo para tomar un café con la idea de que él no sufriera y finalmente se enteraba, Juan lo interpretaba como una señal de que algo escondía. Y si dejaba de quedar para que no lo pasara mal y acababa sabiéndolo, lo traducía como que lo había hecho porque sabía que estaba haciendo algo malo. En definitiva: cualquier hecho justificaba sus celos irracionales.

Si intuyes que esto podría estar ocurriendo en tu relación, te dejo unos consejos:

- ✓ Restablece límites. Tienes que independizarte y no hacer todo con la pareja. Es importante que los dos mantengáis vuestra individualidad y hagáis planes con otras personas. Encuentra *hobbies* que puedas hacer también sin ella. Ampliad vuestra vida hacia el exterior de forma conjunta e individual.
- ✓ No reasegures. No puedes estar dando explicaciones de cada cosa que hagas para que tu pareja mitigue su malestar. Entiende que esas conductas lo único que van a conseguir es potenciar la inseguridad y culminará en un aumento del control.
- ✓ Trabajad las creencias irracionales. Es fundamental poner sobre la mesa los pensamientos, las creencias, los miedos y las fantasías que tenéis con el tema de los celos, y comenzad a poner soluciones saludables. Si no sabéis cómo hacerlo, deberíais recurrir a un profesional.

- ✓ Realiza técnicas de relajación. Cuando sentimos celos, el cuerpo se pone en alerta y la respuesta de ansiedad puede causar mucho malestar. Por ello es esencial romper el componente psicofisiológico y restablecer el control sobre las respuestas de ansiedad para ser conscientes de que el organismo está comenzando a reaccionar con tensión («Me estoy tensando, voy a ver qué estoy pensando y sintiendo»).

El mito de que en el amor no hay secretos

Todos tenemos intimidades y experiencias personales que han creado el Yo del presente. Hay mucha gente que opina que cuando existe amor en una relación se debe revelar cada uno de los pensamientos o de las vivencias pasadas, que debe haber una apertura completa, pero la realidad es que la ciencia nos da información muy interesante respecto al tema de si es necesario que abramos la cerradura de nuestros secretos.

Según diversos estudios realizados al respecto, se sabe que la pareja necesita de una buena base emocional donde haya comunicación, empatía, amor y confianza, pero esto no nos obliga a perder el individualismo. Se trata de tener un rincón para el mundo interior y, por supuesto, ¡eso no significa traicionar a la persona que amamos!

La intimidad es un espacio privado básico para que la relación funcione.

Es entendible que nos incomode la reserva sobre ciertos temas de la persona que amamos y que no desee compartirlos, esto puede considerarse normal en una relación; lo preocupante, sin embargo, es percibir que se guarda casi todo. No quiere decir que exista una infidelidad, que nos esté engañando, porque sería hipotético, pero si no se comunica con nosotros respecto a nada, la relación estará destinada a la ruptura. La pareja requiere respeto, honestidad y autenticidad, ¿quiere decir eso que debe saberlo todo de nosotros? NO. ¿Dónde está el límite entre lo que se cuenta y lo que no? La barrera de lo que se revela la ponemos nosotros.

Todos necesitamos un lugar íntimo para crecer, aprender, descubrir, construir, gestionar o destruir, y si deseamos cerrar con llave el baúl de los recuerdos o de algunos aspectos del día a día, no quiere decir que queramos menos a nuestra pareja.

En consulta me encuentro muchos pacientes que quieren saber el pasado de sus novios, maridos, mujeres… porque dicen que les da información sobre cómo son ahora. Esa creencia dista mucho de la realidad porque, en ocasiones, hay parejas que fallaron en sus anteriores relaciones y de ellas se llevaron un gran aprendizaje.

- ✔ Que tu pareja pusiera los cuernos a su ex no significa que te vaya a ser infiel.
- ✔ Que tu pareja tuviera una pelea con veinte años no significa que sea una persona agresiva.
- ✔ Que a tu pareja le duraran las relaciones menos de tres años no significa que a ti te vaya a dejar cuando se acerque ese tiempo.

Lo más importante a la hora de plantearnos si confesar o no un secreto es contestar con sinceridad a ciertas preguntas:

¿cuál es el objetivo de ocultar esa información?, ¿qué va a aportar?, ¿qué consecuencias tendrá?, ¿qué deseamos conseguir?

El mito de es mío y solamente mío

El mito de la exclusividad es el convencimiento de que solo podemos sentir amor por una única persona. A lo largo de la trayectoria vital nos daremos cuenta de que esto es una gran mentira porque conoceremos y nos sentiremos atraídos por otras muchas.

> Tania está tremendamente enamorada de su compañero de trabajo, pero quiere muchísimo a su marido. El primero le ofrece pasión y novedad; el segundo le proporciona compromiso y seguridad.

Le expliqué a Tania que lo más probable es que amara a su marido, pero que también estuviera enamorada de su compañero.

En próximos capítulos hablaremos de la bioquímica del amor y de las malas jugadas que nos genera en el comienzo de cualquier relación. Llevamos una venda puesta donde solo vemos las cosas buenas, tenemos idealizada a la persona y las emociones las dirigen dos sustancias, la dopamina y la adrenalina, que logran que permanezcamos en un estado de euforia constante, viviendo un auténtico amor apasionado. No es hasta que terminamos conociendo los fallos, los defectos, las manías de la pareja, y las aceptamos como parte de su manera de ser, que el amor aparece. En ese momento entra en escena la hormona del amor, la oxitocina, que es la que logra que se establezca el apego.

Te propongo que analices la compatibilidad con tu pareja, reflexionando sobre estas preguntas:

- ¿Me atrae físicamente, siento química?
- ¿Me gusta cómo me mira, cómo me seduce, y disfruto cuando me toca, cuando me besa?
- ¿Me divierto cuando estamos a solas?
- ¿Afectivamente, me siento conectado con mi pareja?
- ¿Siento que es mi mejor amigo/amiga?
- ¿Sus valores y los míos son similares?
- ¿Tenemos una filosofía de vida parecida: gustos, proyectos futuros, modo de vida...?
- ¿Nos comunicamos bien?
- ¿Intento hacerle la vida fácil?
- ¿Sabemos negociar cuando surgen las discrepancias?
- ¿Me hago cargo de mis emociones, sin victimizarme ni culparla a ella?
- ¿Hablamos de manera tranquila como si fuéramos un equipo?

Si has respondido afirmativamente a la mayoría de las preguntas, vais por buen camino, ya que hay bastante compatibilidad entre vosotros. Pero si has contestado que no a más de la mitad, tal vez tengas que replantearte la relación o acudir a un profesional para que pueda ayudarte a analizar qué está pasando o incluso podéis ir a terapia de pareja para recibir herramientas y así poder manejar esas discrepancias.

Recapitulemos

- Todos somos naranjas completas, la pareja es un mero complemento que potencia la felicidad o una parcela más de aquello que conforma la vida.
- Los celos son una emoción displacentera que puede conducir a la posesión, el control y la agresividad.
- El amor verdadero no causa daño, no implica sufrimiento ni nos hace pasar por momentos difíciles para que «aprendamos». El amor verdadero no insulta, no humilla o amenaza. No nos controla o impide ver a los amigos o familiares. No nos manipula o hace sentir culpables. No nos fuerza a hacer cosas que no queremos. A la mínima señal, busquemos ayuda. Un amigo, un familiar, un profesional de la salud. No pasemos por una situación así nosotros solos.
- Es normal sentirse atraído por otras personas, incluso cuando estamos en una relación.
- Mantener ciertos secretos o experiencias para uno mismo no necesariamente implica deshonestidad o falta de intimidad. Es importante encontrar un equilibrio saludable entre compartir aspectos significativos y mantener una autonomía emocional y psicológica dentro de la relación.

2

Quererme para querer

La autoestima es un término muy utilizado en la actualidad, sin embargo, muchas personas no comprenden su verdadero significado. En este sentido, se trata de la valoración que cada individuo tiene de sí mismo, su capacidad para reconocer sus virtudes y limitaciones y su capacidad para aceptarse tal y como es.

La autoestima es fundamental para el bienestar emocional y la salud mental, ya que influye en la forma en que nos relacionamos con los demás y en cómo enfrentamos los desafíos de la vida. Por lo tanto, es importante trabajar en el desarrollo de una autoestima saludable para lograr una vida plena y satisfactoria. La autoestima tiene varios escalones o componentes:

- ✓ El autoconocimiento ···> ¿Me conozco?
- ✓ El autoconcepto ···> ¿Cuál es mi imagen?
- ✓ La autoevaluación ···> ¿Cómo me evalúo?
- ✓ La autoaceptación ···> ¿Me acepto?
- ✓ El autorrespeto ···> ¿Cómo me hablo?

Cuando tenemos una autoestima saludable, nos sentimos seguros de nosotros y de nuestras capacidades. Esto nos permite ser más abiertos y honestos con la pareja y nos hace más capaces de afrontar los retos de la relación. Por otro lado, cuando tenemos baja autoestima, somos más inseguros y dependientes de la persona que tenemos al lado. Esto puede generar conflictos entre ambos.

Antes de seguir con el capítulo, quiero detenerme un momento para que compruebes el nivel de satisfacción que tienes contigo. Para ello, elije una de las opciones entre los enunciados o ítems que te expongo a continuación relacionados todos con la percepción sobre tu propia valía. Este test tiene un nombre, se llama escala de Rosenberg, y es una herramienta muy útil que usamos los psicólogos para valorar y medir la autoestima personal de nuestros pacientes. Debes señalar a, b, c o d según estés más o menos de acuerdo con las siguientes afirmaciones:

- Siento que soy una persona digna de aprecio, al menos en igual media que los demás.

  a) Muy de acuerdo ☐
  b) De acuerdo ☐
  c) En desacuerdo ☐
  d) Muy en desacuerdo ☐

- Creo que tengo buenas cualidades.

  a) Muy de acuerdo ☐
  b) De acuerdo ☐
  c) En desacuerdo ☐
  d) Muy en desacuerdo ☐

- Soy capaz de hacer las cosas tan bien como la mayoría de la gente.

  a) Muy de acuerdo ☐
  b) De acuerdo ☐
  c) En desacuerdo ☐
  d) Muy en desacuerdo ☐

- Tengo una actitud positiva hacia mí mismo.

  a) Muy de acuerdo ☐
  b) De acuerdo ☐
  c) En desacuerdo ☐
  d) Muy en desacuerdo ☐

- En general, estoy satisfecho de mí mismo.

  a) Muy de acuerdo ☐
  b) De acuerdo ☐
  c) En desacuerdo ☐
  d) Muy en desacuerdo ☐

- Siento que no tengo mucho de lo que estar orgulloso.

  a) Muy de acuerdo ☐
  b) De acuerdo ☐
  c) En desacuerdo ☐
  d) Muy en desacuerdo ☐

- En general, suelo pensar que soy un fracasado.

  a) Muy de acuerdo ☐
  b) De acuerdo ☐
  c) En desacuerdo ☐
  d) Muy en desacuerdo ☐

- Me gustaría sentir más respeto por mí.

  a) Muy de acuerdo ☐
  b) De acuerdo ☐
  c) En desacuerdo ☐
  d) Muy en desacuerdo ☐

- A veces creo que realmente soy un inútil.

  a) Muy de acuerdo ☐
  b) De acuerdo ☐
  c) En desacuerdo ☐
  d) Muy en desacuerdo ☐

- En ocasiones creo que no soy buena persona.

  a) Muy de acuerdo ☐
  b) De acuerdo ☐
  c) En desacuerdo ☐
  d) Muy en desacuerdo ☐

Como ves, las cinco primeras cuestiones están enunciadas de manera positiva y el resto de forma negativa. Para interpretar los resultados, puntúa de la primera hasta la quinta pregunta del siguiente modo A=4, B=3, C= 2, D=1. De la sexta a la décima puntúa justo al contrario, es decir: A=1, B=2, C= 3, D=4.

Después de sumar todo, comprueba tu nivel de autoestima. Si has sacado de 30 a 40 puntos, tienes una elevada autoestima —considerada como normal—. De 26 a 29 puntos, no tienes muchos problemas de autoestima, aunque no estaría mal que la mejoraras. Y si has sacado menos de 25 puntos, seguro que sabes que te valoras bastante poco. Saques lo que saques, ten en cuenta siempre que los resultados son orientativos, y que el diagnóstico real lo debe llevar a cabo un profesional.

Deja de ser tu peor rival

Hay ciertos signos y síntomas que caracterizan a las personas con baja autoestima. Algunos de ellos son:

- ✔ La autocrítica excesiva. Se hablan mal, se critican a menudo, suelen ser muy duros consigo mismos: «Soy tonta», «No sirvo para nada», «Soy inútil»..., y piensan que la mayoría de las cosas salen mal por su culpa.
- ✔ Falta de confianza. Dudan constantemente de que puedan conseguir las metas que se proponen y sienten que no tienen las capacidades necesarias para lograr nada.
- ✔ El miedo les paraliza muchas veces impidiéndoles pasar a la acción y acaban centrándose más en escenarios catastróficos que en las cosas positivas.
- ✔ Dificultad para decir no. Se sienten incapaces de negarse a las peticiones de los demás, incluso cuando estas van en contra de sus propios deseos o necesidades. No priorizarse jamás tiene consecuencias a la larga porque les hace dudar de su valía.

Confía en tu criterio. Aprende a decir no.

- ✓ Se comparan siempre, por lo que refuerzan su imagen negativa. Al hacerlo, se centran tan solo en las fortalezas y los éxitos de los demás, y en sus debilidades y fracasos. Esto les hace creerse inferiores.
- ✓ Necesitan la aprobación constante de otros para realizar las cosas o sentirse mejor. Esto los lleva a preguntar a quien tienen alrededor y sus respuestas les condicionan.
- ✓ Atribuyen sus logros a causas externas y sus reveses a ellas. Ejemplos: «Me han seleccionado porque no habría nadie más para entrevistar y no tenían otros candidatos» (en vez de pensar que lo han hecho porque es una persona maravillosa, tiene experiencia y muchos conocimientos). «El jefe está serio desde la reunión, seguro que está así porque algo hice mal en la exposición y he hecho que la empresa pierda dinero».

¿Qué podemos hacer para mejorar la autoestima dañada y salir de esta espiral nociva? Hay algunas claves para potenciarla.

Conócete y sé tu centro.

Cuando nos valoramos poco, tendemos a creer que nuestra pareja es el centro del universo e imaginamos que si nos abandona, nuestro mundo se desmoronaría y dejaríamos de ser felices. Esto es así porque vemos todo a través de los ojos de otra persona y no de los nuestros, y si esta desaparece, nos sentimos vacíos.

Para estar en una relación y hacer que funcione debemos tener la autoestima alta y para ello es esencial el autoconocimiento, es decir, conocernos muy bien y saber quiénes somos, qué nos define, para poder gestionar momentos, situaciones complicadas o emociones y sentimientos propios.

Julia solo tiene a su novio en la cabeza y no puede dejar de darle vueltas a cualquier cosa que hace o dice. Abandona todo y se muda a otro país solo para estar con él. Se va sin trabajo, sin amigos y sin familia que le hagan los días más fáciles. A los cinco meses el joven decide abandonarla.

Julia llegó a mí porque pensaba que nunca conseguiría un trabajo, que tendría que volver a depender de sus padres y que jamás encontraría de nuevo pareja porque se consideraba una chica muy fea y tonta. Le hablé de lo fundamental del autoconocimiento y le expliqué que era un proceso para aprender sobre uno mismo, incluyendo pensamientos, sentimientos, motivaciones, valores, fortalezas y debilidades, y que necesitábamos empezar a trabajar en ello porque le ayudaría a comprenderse más, a tomar decisiones más acertadas y a relacionarse mejor con los demás y también con ella. Le hice un ejercicio y le pregunté:

—Si tuvieras que exponer delante de trescientas personas quién eres más allá de decir tu nombre, edad, color de pelo o ciudad donde vives, ¿crees que lo harías bien?

Me respondió que no sabía ni qué decir. Julia aprendió las esferas que componían la vida —sexual, familiar, social...— y la importancia de valorar cada una de ellas por separado y considerarlas parte de su personalidad y que, aunque una de las áreas no fuera bien, no la definía.

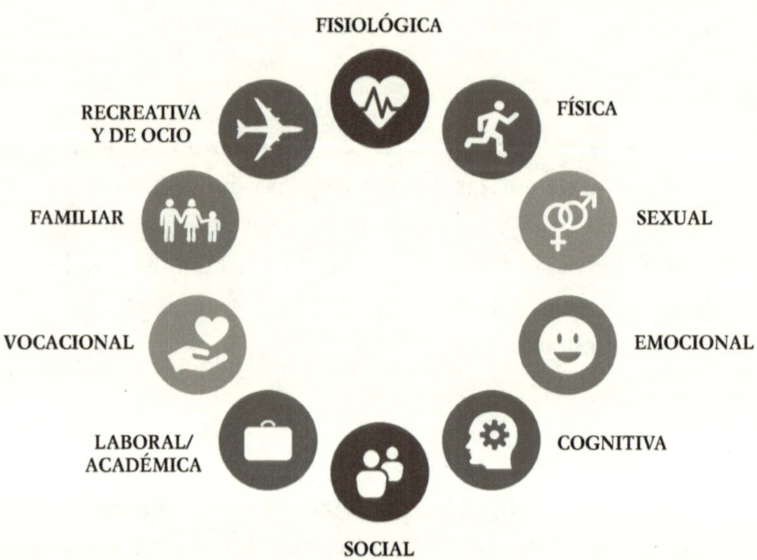

Y tú, ¿te cuestionas alguna vez quién eres? Te dejo unas preguntas y te propongo que reflexiones sobre ellas. Te ayudarán a conocerte un poco mejor.

- ¿Cuáles son las emociones que predominan en tu día a día?
- ¿Qué tipo de actividades disfrutas realizando?

- ¿Cuáles son tus temores y cuáles tus fuentes de inspiración?
- ¿Qué personas o circunstancias te molestan o te sacan de quicio?
- ¿Cuál es tu reacción cuando percibes una amenaza?
- ¿Qué situaciones o experiencias te hacen feliz?
- ¿Cuáles son tus fortalezas y talentos?
- ¿Cómo ocupas tu tiempo libre y cómo te gustaría disfrutarlo?
- ¿Qué principios guían tu vida?
- ¿Qué deseas alcanzar en la vida?
- ¿Qué es lo más importante para ti?
- ¿Cuál es tu enfoque para lidiar con la incertidumbre?
- ¿Qué te apasiona?

Conocerse profundamente, entender quién eres en realidad, no es una tarea sencilla, requiere tiempo y disposición para enfrentar aspectos de ti que podrían resultar incómodos. Es esencial recordar que lo más importante en esta vida eres tú, y el autoconocimiento es el punto de partida hacia la mejora del bienestar emocional y psicológico, así como hacia el establecimiento de relaciones saludables.

No te hables mal

Asumir las virtudes y debilidades es el primer paso hacia la plenitud, pero para alcanzarla, debemos cultivar el respeto hacia nosotros mismos. El autorrespeto, ese delicado equilibrio entre consideración y deferencia que nos debemos como seres valiosos, es la clave. Nuestra dignidad es inquebrantable y merece ser honrada con amor propio. Si no lo hacemos nosotros, ¿cómo podemos esperar que los demás lo hagan?

El diálogo interno es un poderoso influenciador. Las palabras que nos decimos moldean nuestra percepción y comportamiento. Una autocharla negativa nos condena a sentirnos inferiores, a renunciar a nuestras necesidades y a aceptar un papel de complacencia en las relaciones. ¿Cómo puede florecer el éxito en tales circunstancias?

La autoestima se revela en la manera en que nos hablamos internamente, en esa voz interior que tanto peso tiene en la vida. ¿Predominan en ella los elogios y mensajes de superación, o se ve contaminada por la negatividad y la frustración? Si es así, es tiempo de transformar esa narrativa mental.

Imagina a tu mejor amigo en apuros. ¿Cómo reaccionarías? Con palabras de aliento, gestos de apoyo y consejos para levantar su ánimo, ¿verdad? Jamás lo menospreciarías ni le recordarías sus errores. Entonces, ¿por qué nos tratamos a nosotros de forma tan despiadada?

Trátate como
si fueras tu mejor amigo.

Observa y toma conciencia de todos esos pensamientos negativos que vienen a tu mente —«Soy tonta», «Todos me tratan mal», «No le importo a nadie»... —. Es hora de que des un giro a ese diálogo interno. Coge papel y lápiz y escribe a continuación qué palabras o frases sueles utilizar cuando te sientes mal por algo. Trata de ser preciso, anota tu discurso interno textualmente.

- ¿Qué palabras utilizas cuando eres autocrítico?
- ¿Hay frases que se repiten?
- ¿Cuál es el tono de voz que usas? (frío, enfadado, decepcionado…).
- ¿La voz te recuerda a alguien del pasado?

El objetivo del ejercicio es que aprendas a reconocer a tu crítico interno. Supón por un momento que estás con tu pareja y sus amigos y dices algo que les hace gracia y comienzan a reírse sin parar. Es posible que tus pensamientos críticos te digan: «Se ríen de ti. Eres un ser patético». Ese diálogo mental se puede transformar en una voz compasiva: «Has hecho una broma y les ha hecho gracia, parece que te asusta que te rechacen, pero no puedes ser tan duro contigo». A partir de ahora anota siempre en un cuaderno los pensamientos críticos y cámbialos a voces compasivas.

Evalúate. El ayer importa

Las experiencias vividas son claves para evaluar lo que pasa alrededor, el modo en que pensamos y la forma en que sentimos. Para tener buena autoestima es necesario que aprendamos a evaluar las cosas de manera objetiva, sin distorsionar la realidad.

Imaginemos que es nuestro cumpleaños. La persona que amamos se encuentra de viaje por trabajo y estamos esperando que nos llame y nos felicite. Si no recibimos su llamada, es probable que comencemos a preocuparnos y puede que nos preguntemos: «¿Por qué no lo hace? ¿Es que ya no me quiere?». Nos sentiremos dolidos y mal. Si en vez de llevarlo a lo personal hubiéramos pensado: «Hoy justo tenía una reunión muy importante y se le habrá pasado porque es muy olvidadizo», las emociones serían diferentes.

Como veremos cuando hablemos de las distorsiones cognitivas, es necesario entender que los pensamientos juegan un papel crucial en cómo percibimos la realidad. Influyen en cómo nos comportamos con nosotros mismos y con los demás y también en cómo nos sentimos.

En terapia trabajo a diario la reestructuración cognitiva, que consiste en identificar los pensamientos negativos e irracionales que tenemos y en confrontarlos. Habitualmente nos enfrentamos a momentos en los que no analizamos toda esta información disponible, ya que esto sobrecargaría el sistema mental. Lo que hacemos es seleccionar parte que creemos idónea y que tiene que ver con las creencias y los esquemas preconcebidos que hemos ido forjando a lo largo de la vida. Esto pasa en microsegundos, básicamente lo hacemos casi de forma inconsciente. Todos tenemos distorsiones cognitivas, pero el exceso de ellas pueden abocarnos a sufrir ciertos trastornos mentales como ansiedad o depresión.

La siguiente situación es un claro ejemplo de una interpretación irracional o errónea:

SITUACIÓN	PENSAMIENTO	EMOCIÓN	CONDUCTA
Mi chico ha quedado con sus amigos y no quiere que vaya con él.	Seguro que las novias de los otros sí que van.	Rabia y tristeza.	Dejo de hablarle porque estoy molesta y le ignoro durante tres horas.

En este caso podemos ver que no hay evidencia del pensamiento; aun así, para ella es una certeza y decide molestarse y dejar de hablarle sin saber la verdad.

Hay técnicas que nos ayudan a percibir la realidad desde un punto de vista más objetivo. La reestructuración cognitiva tendrá gran influencia en la manera de comportarnos con nosotros mismos y también con los demás. Para que tu patrón de pensamiento mejore, en primer lugar debes identificarlo, analizarlo y, por último, sustituirlo por otro alternativo que sea más racional. Para aplicar esta técnica, sigue estos pasos:

Paso 1

En primer lugar, identifica los pensamientos irracionales y automáticos que has tenido y que te han llevado a sentirte mal. Dibuja en un folio tres columnas. En la primera, anota la situación. En la segunda, escribe lo que piensas. En la tercera, describe lo que sientes.

Paso 2

Analiza y cuestiona la veracidad de esas ideas. En el ejemplo anterior, ¿había evidencias reales de la presencia de las novias de los amigos?, ¿alguien lo había mencionado?, ¿podía probarlo?

Paso 3

Considera si el pensamiento es útil y válido. ¿Le beneficia preocuparse por el hecho de que las otras novias hayan ido y él no quiera que ella vaya? Pensar sobre ello solo le generará malestar.

Paso 4

Da al pensamiento la importancia que realmente tiene. A menudo nos preocupamos por cosas que no son tan graves.

Paso 5

Para que el pensamiento deje de ser una hipótesis, busca certezas. Lo mejor sería preguntarle directamente si no quiere que le acompañe.

Paso 6

Por último, reemplaza tus ideas por otros pensamientos más racionales. Imagina que le estás dando consejos a tu mejor amigo para abordar la situación de manera más constructiva.

Acéptate

Es preciso que reflexionemos sobre cómo vivir la vida que nos acerca a lo que de verdad importa y cómo afrontar que ciertas decisiones que tomamos en el pasado no pueden cambiarse, lo que sí podemos cambiar es la manera de actuar en el presente.

Tamara tiene un marido maravilloso, dos hijos preciosos de seis y once años y amigos que la llaman para verse y pasar el rato, pero ella está dedicada en cuerpo y alma a su trabajo y siempre se disculpa cuando quedan.

Los chicos han crecido y apenas los ha visto hacerse mayores. No hace mucho le han diagnosticado cáncer terminal y le han dado dos meses de vida.

Para mí fue muy duro escuchar el carácter de su enfermedad.

—¿Por qué me centré en trabajar y no en disfrutar de los míos? —me dijo llorando.

A partir de su diagnóstico, Tamara exprimió cada milisegundo con los suyos como nunca lo había hecho.

Todos cometemos errores, pero si nos quedamos encadenados a ellos, el estado de ánimo va a empeorar muchísimo. Perdonarnos no significa ni mucho menos que olvidemos, sino que reconozcamos las emociones displacenteras que se produjeron por una decisión tomada y decidir que no nos afecten en la actualidad.

La culpa es un sentimiento más que aparece en el catálogo de todo ser humano, y sentir remordimiento, el primer paso para acercarnos a nuestros valores y reconocer que hemos hecho algo mal. A veces nos equivocamos porque en ese instante no teníamos las herramientas suficientes para actuar de manera distinta. Cualquier fallo conlleva un aprendizaje y eso también debemos valorarlo.

Estás en tu propio funeral y puedes escuchar todo lo que dicen y piensan tus familiares y amigos de ti. Te animo a que cojas tu libreta y contestes a estas preguntas. Reflexiona sobre ellas.

- ¿Qué crees que dirían?
- ¿Qué te gustaría que dijesen?
- En estos momentos, ¿estás cultivando todo eso en tu vida?

Ten claros tus valores y en qué facetas puedes mejorar. Para avanzar, analiza qué es lo que realmente te importa y piensa cuánto tiempo le dedicas. Puedes escribir qué compromiso estás dispuesto a llevar a cabo para cultivar esas cosas que tanto suponen para ti.

Cada persona tiene sus propias preocupaciones. Pueden ser problemas laborales, con la salud, los hijos, la familia, la economía... Es fundamental que aprendamos a identificar aquellas que escapan de nuestro control real, de otras que sí podemos dominar de alguna forma. Por ejemplo, no buscar trabajo porque sentimos que no somos válidos para ningún empleo y quedarnos en casa frustrados, sin dejar de quejarnos y rumiando que hemos sido castigados en esta vida. Con este comportamiento nos sentiremos peor y no nos centraremos en aquello sobre lo que sí tenemos control, que no es otra cosa que ocuparnos en nosotros mismos, reconociendo nuestras capacidades, motivándonos para hacer cien entrevistas si hiciera falta porque sabemos de nuestra valía y estamos seguros de que en algún momento conseguiremos trabajo.

Me gustaría que reflexionaras sobre estas preguntas buscando las respuestas en tu interior:

- ¿En qué inviertes tu tiempo y tu energía?
- ¿Sueles preocuparte por muchas cosas?
- ¿Qué consigues pensando así?

La autoaceptación es dejar de prestar atención y recursos a aquello que no depende de ti y comenzar a estar atentos a lo que sí que depende.

Como he dicho, de nada sirve centrarnos en el pasado y en los fallos que cometimos, porque eso ya sucedió; o en el futuro, porque no tenemos una bola de cristal para predecir qué ocurrirá el día de mañana. Lo que sí sabemos es que aquí y ahora tenemos que analizar qué podemos hacer y ponernos manos a la obra para conseguir aquello que tanto deseamos. Estos son algunos de los objetivos más habituales que nos solemos plantear:

- ✔ De salud. Queremos hacer más ejercicio, perder peso, mejorar la alimentación...
- ✔ Familiares. Deseamos ver más a tíos, abuelos, primos, etc., dar una buena educación a los hijos...
- ✔ De satisfacción personal. Sentirnos más realizados, hacer viajes, no estar tanto tiempo delante de dispositivos…
- ✔ Económicos. Ahorrar, pagar la entrada de una casa, tener un plan de pensiones…
- ✔ De desarrollo personal. Saber gestionar las emociones, mejorar la empatía…
- ✔ De pareja. Mejorar la relación, formar una familia…
- ✔ De desarrollo social. Conocer amigos nuevos y quedar con ellos…
- ✔ Profesional. Cambiar de trabajo, emprender un negocio…
- ✔ Doméstico. Tener una nueva cocina, comprar muebles para el salón…

Para cualquier objetivo que tengas en mente, siempre es útil que sigas ciertas pautas:

- ✔ Haz una lista pormenorizada con las cosas que deseas alcanzar.
- ✔ Establece tiempos para cada propósito.
- ✔ Sé específico y concreto con cada uno.
- ✔ Detalla el motivo que te impulsó a perseguirlos.
- ✔ Fracciónalos en tareas precisas y más pequeñas.
- ✔ No los pospongas si tanto los deseas. Trabaja en ellos todos los días un poco hasta poder lograrlos.

Dedícate tiempo. El autocuidado

El autocuidado se refleja en diversos aspectos de la vida. Identificar y dedicar tiempo a desarrollar hábitos y estrategias que promuevan el equilibrio, el bienestar, la autoestima, el optimismo y una actitud positiva será esencial para sentirnos mejor con nosotros mismos.

Los beneficios del autocuidado son abundantes, pero es importante comprender los distintos tipos de cuidado que existen. Entre los principales se encuentran:

- ✓ Cuidado físico. Este se relaciona directamente con la salud y el cuidado del cuerpo. Practicar deporte de manera regular y mantener una alimentación balanceada son fundamentales para ello.
- ✓ Cuidado social. Implica nuestras relaciones con los demás. Cuando nos sentimos bien, también influimos positivamente en las interacciones sociales. Es crucial contar con una red de apoyo sólida, fomentar relaciones saludables y poner límites a aquellas que nos generen malestar. La empatía y la solidaridad son habilidades importantes que debemos cultivar en este aspecto.
- ✓ Cuidado mental o intelectual. Involucra el desarrollo y cuidado de la mente. Leer regularmente, aprender cosas nuevas y gestionar los pensamientos son prácticas beneficiosas para mantener una salud mental equilibrada.
- ✓ Cuidado emocional. Consiste en reconocer y gestionar las emociones sin evitarlas. Todas las emociones tienen su función y su mensaje, por lo que es importante estar atentos a ellas y saber cómo manejarlas de forma saludable.

El autocuidado, en todas sus dimensiones, nos permite vivir de manera más plena y satisfactoria. Es un compromiso continuo con nosotros que nos ayuda a alcanzar un estado de bienestar integral.

Te propongo que contestes a estas preguntas sobre tu propio autocuidado.

- ¿Cuidas de ti a diario y en todos los aspectos?
- ¿Cuánto tiempo te dedicas?
- ¿Ese tiempo es de calidad?

Detente unos segundos y reflexiona sobre las preguntas que te acabo de plantear. Cada persona tiene unas características, unas aficiones, unas motivaciones o necesidades distintas, y por ello la manera en que practicamos el autocuidado personal es diferente. La clave siempre es no dejar de hacerlo.

Recapitulemos

- Es importante conocernos y ser nuestro centro. Qué mejor que dedicar tiempo a explorar quiénes somos realmente, identificar nuestras fortalezas, debilidades y valores. Es fundamental aprender a gestionar las emociones y situaciones difíciles.

- Dejemos de ser nuestro peor rival. Eliminemos la autocrítica excesiva y los pensamientos negativos, aprendamos a decir no cuando sea necesario, dejemos de compararnos con los demás y busquemos la aprobación interna en lugar de la externa.

- Tratémonos como si fuéramos nuestro mejor amigo. Hay que cambiar el diálogo interno negativo por uno compasivo y alentador, reconocer los logros y celebrar los éxitos, por pequeños que sean.

- También hay que reconocer los errores y aprender de estos sin quedarnos atrapados en la culpa, reflexionar sobre los valores y comprometernos a vivir de acuerdo con ellos y aceptar que algunas cosas están fuera de nuestro control. Tenemos que enfocar la energía en lo que sí podemos cambiar.

- Es bueno practicar el autocuidado, priorizar el bienestar físico, mental, emocional y social. Establecer rutinas saludables como hacer ejercicio, alimentarse.

- No hemos de olvidarnos de cultivar relaciones positivas y buscar apoyo cuando lo necesitemos.

3
Tu historia importa

Muchas personas se preguntan en qué medida las experiencias que tuvimos en la infancia marcan el futuro. Para mí es esencial explicar a mis pacientes qué importancia tiene el apego en la forma en que nos relacionamos en la edad adulta con la pareja. Y para ello son fundamentales aquellas figuras de relevancia que han formado parte de nuestra educación y trayectoria vital: ya sean abuelos, tíos, primos, etc. Es decir, los principales referentes en la niñez y adolescencia marcarán las posteriores relaciones. Te puedo asegurar que esta circunstancia condiciona nuestra forma de ser.

Cuando nacemos, somos seres muy vulnerables, necesitamos varios meses para poder tener autonomía, y sin un adulto sería difícil sobrevivir. Los cuidadores son nuestra fuente de protección, amor y comprensión, y gracias al papel que desempeñan en los primeros momentos de la vida, construimos fundamentos básicos como son seguridad, confianza e identidad personal.

Dime qué apego tienes y te diré qué relaciones tendrás

El psicólogo John Bowlby fue pionero en la teoría del apego. Esta sostiene que los lazos emocionales tempranos entre un niño y su cuidador principal —generalmente la madre— juegan un papel crítico en la formación del apego. Bowlby identificó diferentes estilos de apego, incluyendo el seguro, el ansioso, el evitativo y el desorganizado, basados en la calidad y la consistencia de las interacciones entre el cuidador y el pequeño. Estos estilos de apego afectan profundamente en cómo los individuos desarrollan sus relaciones y manejan las emociones a lo largo de la vida.

Vamos a analizar cada tipo de apego para poder descifrar si has tenido alguna herida en la infancia y cómo esto ha influido en la manera en la que te relacionas.

Apego seguro: adulto estable y confiado

De niño podías explorar y jugar en el entorno con facilidad. Es cierto que si tu cuidador se alejaba, te ponías un poco nervioso, pero cuando regresaba rápidamente te tranquilizabas y seguías explorando y jugando con tus juguetes u otros niños. Eras sociable y cooperabas con los demás, y ante alguna situación que te generaba malestar o miedo buscabas consuelo en tu figura de apego.

Tus padres solían reaccionar enseguida ante tus necesidades, utilizando una comunicación positiva y activa. Además, solían dedicarte un tiempo de calidad y jugaban contigo. Algo que les caracterizaba es que se preocupaban por tu mundo emocional. Algunas frases que es posible que te dijeran:

«Cariño, hoy te noto triste... ¿Ha ocurrido algo en el cole? Estoy aquí para escucharte y ayudarte».
«Equivocarse está bien, es parte de aprender».
«Te aprecio por ser quien eres».
«Tus sentimientos son importantes y válidos».
«Me encanta cómo compartes tus ideas conmigo».

Si tus padres te ofrecieron un apego seguro, de adulto tenderás a tener relaciones estables porque sabrás que eres merecedor de amor, confiarás en tu pareja, podrás expresarle lo que sientes sin temor a su reacción y, además, te encantará cuidar tu individualidad.

Es probable que tengas una buena autoestima y no sientas pánico atroz a la soledad. Tendrás buenas habilidades para desenvolverte en el entorno y encontrarás soluciones ante las dificultades que te presenta la vida. Sabrás relacionarte con las personas y cuidarás tus relaciones sociales.

Apego ansioso: enredado en la incertidumbre e inseguridad

De niño estabas normalmente cerca de tu figura de apego, solías explorar el ambiente con cierto nerviosismo, ya que siempre te encontrabas hipervigilante a los movimientos de tu cuidador. Si se alejaba, comenzabas a mostrar ansiedad y llorabas fácilmente. Lo difícil era regularte, puesto que aun volviendo a por ti, el llanto tardaba minutos en cesar. Eras un niño dependiente y mostrabas inseguridad.

Tus padres unas veces estaban y otras no. Te daban una de cal y otra de arena. Podían ser muy cariñosos contigo o pegarte cuatro gritos sin pestañear. Normalmente, nos encontramos que son padres con personalidades muy ansiosas, que se suelen preocupar por muchas cosas y con tendencia a la sobreprotección.

Debido a este tipo de apego tienes muy presente la idea de que puedes ser abandonado y tu autoestima depende en gran parte de tu pareja. Este miedo al abandono surge cuando tu pareja cambia su comportamiento, por pequeño que sea.

Estás en constante alerta buscando señales de que te va a engañar o dejar. Tienes la necesidad de que te reafirme siempre que te quiere y harás todo lo posible por pasar mucho tiempo a su lado. Frases que te caracterizan:

«¿Estás bien?».
«¿Te pasa algo conmigo?».
«¿Te has cansado de mí?».
«No puedo soportar la idea de que me abandones».
«¿Por qué no me cogiste el teléfono? Te he llamado mil veces, me preocupé muchísimo».
«Nunca sé si realmente estás comprometido con la relación».

Perderás tu individualidad porque tu pareja será tu TODO y temerás expresar tus sentimientos por la posible reacción que puedan generar en ella.

Apego evitativo: dame más espacio

De niño mostrabas poca ansiedad por separación y, además, no había interés por saber si tus cuidadores volverían o no. Estar a su lado te era indiferente, mostrabas la misma actitud que si estuvieras al lado de un desconocido. No buscabas en ellos consuelo, ya que tampoco estaban para brindártelo, por lo que te acostumbraste a estar solo, jugar con tus juguetes y hacer tu vida. Estabas emocionalmente desconectado para no sufrir por el rechazo y mostrabas mucha distancia emocional.

Tus padres solían ser autoritarios, eso de imponer se les daba muy bien, pero a la hora de recompensar… todo lo contrario. No mostraban mucha empatía y no estaban atentos a tu mundo emocional. Pocas veces atendían a tus necesidades y demostraban muy poco afecto.

¿Cómo te ha influido en tu adultez? A la hora de tener pareja eres bastante independiente, cuando la cosa se pone seria y ves compromiso, te agobias. Te cuesta confiar, dejarte llevar y a menudo vas poniendo freno. No expresas tus sentimientos, pensamientos o emociones y en ocasiones tienes falta de empatía y miedo al abandono porque sabes que solo puedes apañarte. Quizás te suenan estas frases:

«No necesito que pasemos tanto tiempo juntos».
«Prefiero resolver las cosas por mi cuenta».
«Me siento más cómodo cuando tengo mi propio espacio».
«No entiendo por qué necesitas tanto cariño todo el tiempo, me agobio».
«No me apetece discutir sobre emociones todo el tiempo».

Apego desorganizado: el más complicado y conflictivo

Fuiste criado en un entorno muy hostil, en donde siempre había agresividad en forma de malos tratos, físicos o psicológicos, y algunas veces también pudieron haberse dado abusos sexuales. Este tipo de experiencias te producían un desequilibrio interno muy fuerte, ya que por naturaleza sabías que no podías vivir sin tu cuidador, así que tratabas de acercarte lo máximo a él, pese a que sabías que ibas a recibir daño. La consecuencia final es que acabas asociando la imagen de tus padres con tristeza, malestar y la culpa hacia ti mismo.

Tus padres eran insensibles, agresivos, distantes y no les preocupaban en absoluto tus emociones. Se dedicaban a meterte miedo, ignoraban tu llanto, no atendían a tus necesidades. Si tenían que insultarte, gritarte y etiquetarte, lo hacían. Es posible que escucharas cosas como:

«Eres tonto».
«No sirves para nada».
«Me tienes harto, ojalá no hubieras nacido».
«Como no te calles, te enteras».

Ahora, en tu vida adulta, presentas dificultades a la hora de identificar las emociones de los demás y las tuyas. Te sientes bloqueado a veces porque no entiendes los pensamientos de tu pareja y aceptas que te machaque y grite. Tú podrías ser perfectamente el maltratador de la relación, ya que, al observar ese patrón de comportamiento en tus cuidadores, has llegado a la conclusión de que esa conducta no está mal.

No confías en ti ni en los demás, tienes miedo al abandono, y es tanto el malestar que te provoca que suele influirte en las demás áreas de tu vida. Tienes un proceder bastante ambivalente. En ocasiones buscas vincularte y en otras todo lo contrario, porque te sientes incómodo.

La terapia es crucial para quienes tienen estilos de apego ansioso, evitativo o desorganizado, pues proporciona un ambiente seguro para explorar patrones de relación problemáticos. Ayuda a comprender las raíces de estos estilos de apego en experiencias pasadas, facilita el desarrollo de habilidades para relaciones más saludables, y aborda la ansiedad, el estrés y las heridas emocionales asociadas. La terapia promueve el crecimiento personal al ofrecer herramientas para manejar y transformar los patrones de apego, lo que puede llevar a una mayor autoaceptación, confianza y bienestar emocional. Ten en cuenta que se puede tener un estilo de apego diferente con distintas personas. Tal vez hemos tenido un apego inseguro con los cuidadores, sin embargo, desarrollamos un estilo seguro con nuestra pareja.

HERIDAS EMOCIONALES. CICATRICES QUE HAY QUE SANAR.

Todos traemos «heridas» de la infancia. Los padres o cuidadores lo hicieron lo mejor que pudieron, pero nadie es perfecto. De niños nos fijamos en pequeños detalles; sin embargo, la capacidad de interpretación aún no es buena porque el cerebro no está del todo desarrollado y, por ende, no entendemos muchas cosas de las que pasan alrededor, lo que nos ocasiona heridas sin ser conscientes de ello.

Las heridas emocionales son experiencias negativas que hemos vivido y que generan un gran impacto en nosotros y en la personalidad.

Estas vivencias dolorosas pueden ser causadas por una variedad de factores, como son el abuso, el abandono, el rechazo, el maltrato o la negligencia. Algunas personas, debido a esas lesiones afectivas, desarrollan problemas de salud mental, como ansiedad, depresión o trastorno de estrés postraumático. Otras pueden tener dificultades para establecer relaciones saludables o problemas de autoestima o confianza en sí mismas.

Es importante señalar que no todas las personas que experimentan heridas emocionales en la infancia desarrollarán problemas en su vida adulta. No obstante, es crucial saberlo por el impacto significativo en su bienestar emocional y psicológico.

Voy a mostrarte qué heridas emocionales persisten hasta la adultez y dónde tienen su origen.

Herida de abandono

Tus padres o cuidadores no te protegían ni te prestaban atención: sentías falta de amor. Esta falta afectiva te iba a producir una herida gigantesca, aunque no lo supieras. Un vínculo completamente roto con las personas que por aquel entonces eran tus ídolos.

Hablar de abandono no significa que no estuvieran físicamente, ¡qué va! De hecho, el factor fundamental de abandono es que no te escuchaban, no se preocupaban ni sabían cómo te sentías. Eran tan fríos y apáticos contigo que ni recuerdas cuando solían abrazarte o decirte cosas cariñosas o afectivas. Te diste cuenta de que no eras amado y no te quedó otra que empezar a valerte por ti mismo.

Lo malo de esta herida es que para ti el amor no es algo seguro.

A raíz del miedo al abandono, te has convertido en una persona dependiente. A pesar de que no desees seguir en una relación, no eres capaz de irte porque no quieres volver a pasar por un sentimiento de abandono. Tu valía depende de lo que te digan los demás. A menudo necesitas a alguien al lado para que te apoye, y lo consigues desde dos perspectivas: o te haces la víctima para que te cuiden o tomas un rol salvador y acabas siendo «padre o madre» de tu pareja. Puedes tener baja autoestima, dificultades para establecer relaciones íntimas y duraderas, miedo al compromiso, ansiedad o depresión.

Quiero que sepas que harás todo lo posible para que no te abandonen, te dejarás en un cuarto lugar y siempre pondrás en el primero a tu pareja, padres o amistades. Te olvidarás de tu bienestar y aceptarás estar en relaciones no sanas por el simple hecho de tener a alguien contigo.

Herida de rechazo

Tus padres no te aceptaban, no les gustaba cómo eras, y a medida que crecías esto te afectaba más en tu autoestima. La crítica estaba siempre presente y aprendiste a juzgarte a ti mismo. Llegaste a la conclusión de que no eras digno de ser amado.

Lo que te ocurre ahora es que te cuesta aceptarte y amarte. Tu diálogo interno es muy negativo: «No valgo para nada. Nadie me querrá», te dices. Cuando hacen un juicio sobre tu persona, te afecta de manera desmesurada y llegas a sentirlo como un rechazo; en consecuencia, intentas ser la chica o el chico perfecto que todos adoren, siempre a disposición de los demás, sin hacer juicios, callándote tus pensamientos y anteponiendo las necesidades de otros a las tuyas.

La comparación te invade cada día, los de tu alrededor siempre son mejores que tú, por eso a veces no entiendes cómo alguien podría fijarse en ti. No das valor a tus éxitos y llegas a la conclusión de que todos ellos vienen por factores externos y no por tu trabajo y dedicación. En resumen: piensas que no tienes nada que aportar y que cuando la gente te conozca de verdad, se marchará.

Herida de traición

Tus padres solían prometerte cosas que después no cumplían: «Si ordenas tu cuarto, vamos al parque», «Esta noche te contaré un cuento»…. y esas promesas nunca llegaban. Es posible que contaran cosas íntimas o personales a un familiar, vecino o amistad que te avergonzaron, o también pudiste sentir esta herida porque dieron un lugar especial a otra persona y te sentiste apartado —la llegada de una nueva pareja tras un divorcio, de un bebé o de una mascota—.

He de decir que en la mayoría de los casos los padres no son conscientes de las heridas que generan esas conductas y acaban traduciéndose en emociones como rencor, desconfianza o envidia. Acabas sumergiéndote en un mundo lleno de recelos donde prefieres siempre pensar mal para después no llevarte sorpresas. Tienes pensamientos del tipo:

«Tú no te fíes que más tarde te la hacen».
«Piensa mal y acertarás».
«No valgo la pena».
«Siempre acaban rechazándome».

En la adultez te comportas como un ser fuerte y poderoso. Eres competitivo y crítico, por lo que sueles crear rápidamente una opinión sobre los demás. Odias la incertidumbre, por eso necesitas controlarlo todo.

Al no fiarte de las personas, tienes problemas a la hora de revelar tu intimidad por el miedo a que sea utilizada en tu contra y constantemente vives tus relaciones analizando cada cosa que pasa por el simple hecho de que crees que vas a ser traicionado. Te cuesta comprometerte por temor a que te hagan daño y tienes dificultades para expresar tus sentimientos y emociones.

Herida de injusticia

Tus padres eran muy rígidos y exigentes. El «porque lo digo yo y punto» se solía escuchar a menudo en casa. Si te tenían que faltar el respeto, lo hacían. Por encima de todo estaban sus necesidades y preferencias. Las cosas tenían que salir como ellos quisieran. Las expectativas que tenían puestas en ti eran muy altas y eso hacía que vivieras en una exigencia constante donde raras veces era suficiente lo que hacías. Esta herida generó en ti sentimientos de ineficacia, inutilidad y sensación de injusticia. Debido a esta educación aprendiste que vales por lo que haces y no por lo que eres. Ello se traduce en que hoy eres un adulto perfeccionista, tienes pánico a cometer errores, te exiges muchísimo y necesitas tenerlo todo solucionado al instante.

Tu diálogo interno es excesivamente crítico y la verdad es que eres muy sensible, pero intentas esconderlo y hacerte el fuerte delante de los demás. Necesitas reconocimiento de los otros, pues nunca lo recibiste de pequeño.

Herida de humillación

De niño tus padres te ridiculizaban, criticaban o comparaban con amistades o familiares, y eso te hizo creer que no valías. Tu autoestima se vio muy deteriorada y pensabas que no eras suficiente.

En el mundo adulto aprendiste a humillarte antes de que lo hicieran otras personas. Temes los comentarios y eres muy cauteloso a la hora de opinar, ya que haces todo lo posible por no herir a nadie.

Llegas a conectar tanto con el mundo emocional de otras personas que acabas olvidándote del tuyo. No te sientes digno de ser amado y por ello, cuando alguien te culpabiliza, desprecia, regaña o te llama la atención te quedas en blanco, te paralizas y no sabes qué decir. Te cuesta mucho defenderte. En la mayoría de las ocasiones supones que eres el problema y te culpabilizas constantemente.

Ahora que ya sabes cómo afectan los estilos de apego y las heridas emocionales, es importante que tomes conciencia de estas experiencias para ver de qué manera te pueden estar limitando en el momento presente. Como adulto, tienes el poder de construir de forma consciente lo que quieres ver de ti mismo y qué cosas de tu pasado deseas soltar. ¡Eres capaz y puedes hacerlo!

Para sanar al niño interior que llevas dentro, busca una fotografía tuya de cuando eras pequeño y analízala. Estas preguntas te ayudarán a tomar conciencia sobre la relación con tu niño o niña interior.

- ¿Qué ves en ese niño o esa niña? ¿Qué refleja su rostro? ¿Alegría o tristeza, dolor o felicidad, miedo o libertad?
- ¿Qué te transmite? ¿Lo amas o rechazas? ¿Podrías relacionarte con él?
- ¿Qué gestos, palabras, acciones o actitudes de su entorno le marcaron de forma negativa?
- ¿Cómo se sintió?
- ¿Cómo te sientes ahora al pensarlo?
- ¿Qué cosas te hubiera gustado escuchar? («Eres suficiente, te queremos, me encanta tu forma de ser, más besos, más abrazos»...).

Después, siéntate cómodamente en un lugar tranquilo, elige música suave y entabla una charla con ese niño interior. Habla con él e intenta conocer sus sentimientos y emociones, preguntándole qué le gusta, qué no le gusta, a qué le teme, qué siente, qué necesita y cómo puedes ayudarle a sentirse seguro.

Escribe ahora una carta a tu niño interior para sanar tus heridas. Pero antes quiero que te imagines y recuerdes cómo eras, lo que te gustaba, lo que te molestaba, los sueños que tenías, las alegrías y las tristezas que te marcaron. Cuando lo hayas hecho, anota los sentimientos que estás visualizando en una hoja de papel. Cómo se siente ese niño, qué emociones tiene, qué necesita sanar, qué frases le gustaría haber escuchado. Por último, escribe la carta siendo lo más sincero posible. Expresa con todo detalle qué personas estuvieron apoyándote, cuenta anécdotas, momentos difíciles, fechas importantes de tu vida que marcaron días especiales. Sé amable, utiliza lenguaje positivo, dale las gracias, compréndelo, perdónalo y abrázalo. Recuerda acabar diciendo qué le faltó a ese niño y cómo vas a comportarte a partir de ahora con él.

Sé que otras personas te hicieron daño, pero quiero que reflexiones si hoy eres tú mismo quien sigue haciéndotelo. Necesito que te cuides y que seas amable contigo.

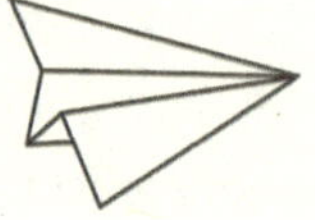

Seguro	Apego evitativo	Ansioso	Desorganizado
Confía en la persona que tiene al lado y tiene relaciones duraderas Sabe expresar sus emociones y necesidades Busca apoyo en los suyos (familia, amigos...) No tiene miedo a ser dejado o finalizar la relación	No expresa sus emociones o necesidades Prioriza su individualidad antes que a la pareja Le cuesta vincularse y tener compromiso Muestra poca emoción en las relaciones románticas	Miedo al abandono Basa su felicidad en la relación Está hipervigilante a cualquier cambio de conducta de su pareja Crea relaciones de dependencia Necesita pasar el mayor tiempo posible con la pareja	Relaciones muy inestables Ni contigo ni sin ti (amor-odio) Miedo a ser dejado, pero hay dificultad para conectar íntimamente Desconfiado en las relaciones

Heridas de la infancia que repercuten en la edad adulta

Rechazo

No me aceptaron, se burlaron de mí,

y en la adultez huyo cuando me siento parte de ningún lugar.

Abandono

Mis padres estaban ausentes emocional y físicamente.

En la adultez, busco constantemente la atención de los demás, me asusta la soledad y hago todo lo posible para no quedarme solo.

Herida de humillación

Se burlaron de mí y me hicieron sentir avergonzado.

En la adultez, priorizo las necesidades de los demás sobre las mías, me cuesta aceptarme y cuidarme.

Injusticia

Eran muy fríos y duros conmigo

Escondo lo que siento y no expreso mis emociones. Me exijo a mí mism@ y no me comprometo.

Traición

No cumplieron lo que me prometieron

Hipervigilancia constante. Controlo lo que hay a mi alrededor para evitar el peligro y traición.

Recapitulemos

- Los adultos con apego seguro tienen buena autoestima, son capaces de expresar sus emociones sin problemas, por lo que sus relaciones son duraderas y de confianza.
- Las personas con apego ansioso temen al abandono, crean relaciones altamente dependientes y su felicidad está basada en la relación.
- Alguien con apego evitativo no manifiesta sus necesidades ni prioriza sus relaciones íntimas.
- Las características de un apego desorganizado en una relación son sobre todo miedo al abandono y desconfianza en su pareja.
- El abandono, el rechazo, la traición, la injusticia y la humillación son heridas de la infancia que repercuten en la edad adulta.

4
CÓMO SABER SI ESTOY ELIGIENDO BIEN

Olvidémonos de que el amor todo lo puede. Es un mito más. El primer paso para elegir una pareja es conocerse bien y dejar muy claros ciertos principios. Siento decir que, bajo mi experiencia, el entendimiento con alguien muy opuesto a nosotros será muy complicado y resultará difícil que la relación funcione. Aunque amemos mucho, si quien tenemos al lado nos hace sufrir, llorar, nos causa inquietud o angustia, es probable que no estemos haciendo una buena elección. ¿Y cómo saber entonces que tomamos la decisión correcta? Porque antes de elegir a una persona es necesario aprender a elegirnos como la máxima prioridad. Quererse y amarse a uno mismo es una condición crucial para tener una relación sana y satisfactoria con los demás.

Al querernos, nos aceptamos tal y como somos, con los defectos y las virtudes. Nos sentimos seguros y eso nos ayuda a establecer límites saludables en cualquier tipo de vínculo que construyamos. Sin embargo, si la vida gira en torno a alguien, le complacemos, hacemos lo que sea por evitar que se vaya, intentamos estar el máximo tiempo posible con él, necesitamos llamarle cada poco tiempo, le enviamos mensajes constantemente… acabaremos aislándonos del resto del mundo, viviendo por y para esa persona. La dependencia emocional hará que nos sacrifiquemos en busca de un afecto y una aprobación, eso nos causará mucho sufrimiento y provocará que la vida se convierta en una verdadera pesadilla.

Recuerda: amar en demasía y sin control te lleva a depender emocionalmente de alguien y, en consecuencia, a sufrir.

Ya he dicho que ese amor basado en la perfección que tanto hemos visto en las películas románticas no existe. Nos han hecho creer que si no nos mostramos enamorados al cien por cien la relación no tiene futuro; también que, a más dificultades, más debemos luchar para que ese noviazgo o matrimonio siga adelante. Todo esto es una auténtica mentira.

La pareja no lo es todo

Otro de los secretos para alcanzar la felicidad en una relación: debemos estar satisfechos con distintas áreas de la vida —salud, dinero, familia, pareja, trabajo…—, y reconocerlas y compararlas para que estén en equilibrio; de lo contrario, afectarán y perjudicarán al resto. Es una manera de recalibrar las prioridades.

Hay una herramienta muy útil que utilizamos los profesionales para analizar estos aspectos vitales de una persona en un momento concreto, y así pensar y diseñar planes de acción y nuevos objetivos, que puede darnos muchas claves para saber por qué nos equivocamos tanto en el amor. La técnica fue creada por Paul J. Meyer en los años sesenta, un precursor en el área del desarrollo personal y profesional, y nos ayuda a tomar conciencia acerca de los puntos que debemos trabajar. Se trata de la rueda de la vida.

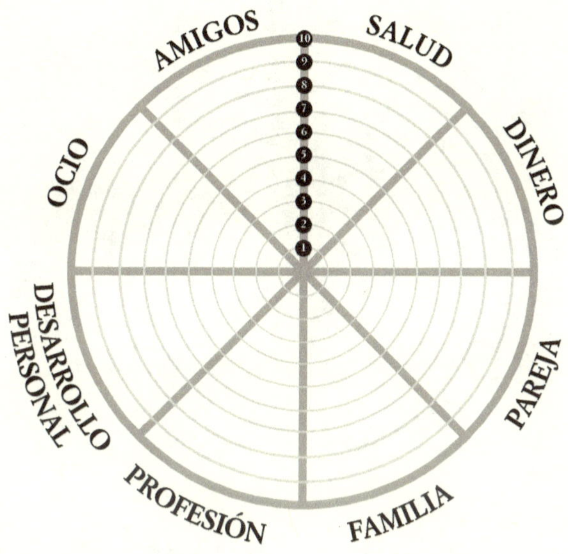

Para hacerla, se dibujan diez círculos concéntricos que se dividen en partes iguales —como si fuera una tarta— y cada una se nombra con los aspectos fundamentales de la vida. Lo aconsejable es que no sean muchos para que resulte más sencillo comparar. Una vez hecho, se colorea cada parte dependiendo del grado de satisfacción que tengamos con ella. A continuación, se unen los puntos y observamos la forma que ha adquirido. Si la imagen resulta con líneas armónicas y se asemeja a un círculo, significa que en la vida hay equilibrio; si la forma es irregular, con picos o altibajos, es hora de cambiar ciertas cosas porque lo que está pasando no nos hace sentir bien. Debemos puntuar área por área. El rango es de uno a diez, siendo la máxima valoración diez.

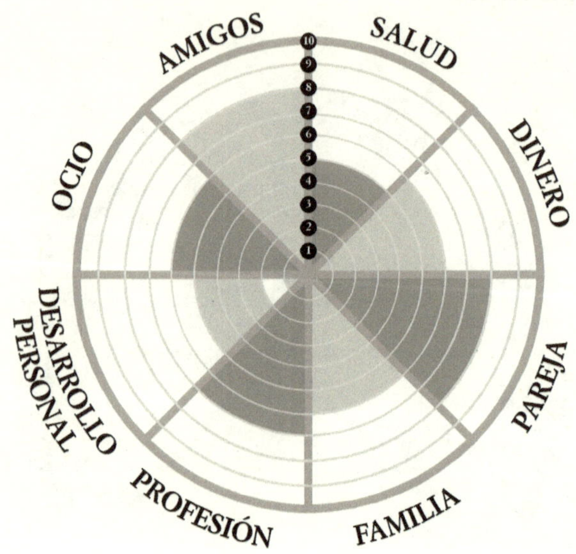

En este ejemplo vemos cómo las calificaciones son bastante bajas, exceptuando en la pareja y en su red de apoyo social, por lo que la persona en cuestión tendría que potenciar las otras áreas para crear un equilibrio y así sentirse feliz.

Una vez identificado lo que no nos parece bien, debemos preguntarnos si realmente deseamos mejorar la satisfacción en ese aspecto concreto o estamos siendo demasiado exigentes y perfeccionistas. Si la respuesta es afirmativa, y tiene gran relevancia para nosotros, hay que ponerse manos a la obra y decidir en qué trabajar. No siempre es necesario comenzar por aquellos que tienen una puntuación más baja, ya que dependiendo del momento vital en el que nos encontremos es más aconsejable dar prioridad a otros.

Examina las relaciones o vínculos entre las áreas. Te puede ayudar a tomar decisiones.

El último paso es trazar un plan de mejora en aquellos ámbitos que lo requieran y reflexionar acerca de las cosas hechas hasta el momento. Debemos realizar una lluvia de ideas de posibles estrategias y establecer objetivos específicos a corto plazo para llegar a la meta final. Si ha sido el área de la pareja la que ha obtenido la puntuación más baja, es importante preguntarnos el motivo. Tal vez fuera

- ✔ porque apenas pasemos tiempo juntos;
- ✔ porque no hay buena comunicación;
- ✔ porque nuestra pareja no nos dice «te quiero» las veces que necesitamos;
- ✔ por las discusiones constantes...

¿Qué objetivos deberíamos marcarnos? Te nombro solo algunos:

- ✔ Un día a la semana intentar planear una cita especial.
- ✔ Procurar sentarnos al menos diez minutos al día para hablar de los sentimientos.

- ✔ Decir que necesitamos un «te quiero» al día.
- ✔ Aprender herramientas de comunicación efectiva con un psicólogo.

Etapas del amor

Todas las relaciones atraviesan varias fases —eso sí, no todas pasan por cada una de ellas— e irán evolucionando según las vivencias y los años que las parejas estén juntas. Influirán factores biológicos, sociales, químicos... Algunos estudios las dividen en tres, cinco o incluso seis, pero, en general, se pueden clasificar en flechazo, enamoramiento, aceptación y compromiso. Para elegir sabiamente y llevar una convivencia sana y fuerte es necesario conocerlas.

La pareja tiene, de una forma u otra, un gran impacto en el bienestar emocional, en el éxito y en las decisiones futuras.

Atracción a primera vista. El flechazo

María está sentada en un restaurante con su amiga Claudia, esperan a Juan y a Pedro, dos compañeros del instituto que no ven desde hace cinco años.

Pedro abre la puerta e instantáneamente María se sorprende de que ya no sea ese chico con gafas, desgarbado y con sobrepeso que recuerda. Ahora es un joven guapo, con un cuerpo musculoso y, además, va vestido con un traje que parece caro y lleva maletín porque acaba de terminar de trabajar. Siente atracción nada más verle, y, muy segura de sí, no duda en echarle un par de piropos.

Ninguno de los dos tiene pareja, por lo que empiezan a hablar desde ese día a todas horas y al cabo de dos meses María está profundamente enamorada y le propone irse a vivir con él. Pedro sabe que todo va muy rápido, pero no puede dejar de pensar en ella y desea pasar el máximo tiempo a su lado. Instantáneamente le dice que, por supuesto, también quiere dar ese paso.

Cuando conocemos a alguien, de manera inconsciente en pocos segundos recogemos una serie de datos de quien tenemos enfrente —su nivel de educación, sus gustos, su clase social, su aspecto físico…—. Sin pensarlo, le atribuimos unas características que generalizamos a partir de esa primera impresión.

María se deja engañar por los kilos de menos, la ropa impecable, el buen aspecto… Ella piensa: «Es una persona que se preocupa por su físico porque se cuida mucho», «Es inteligente, parece que tiene un trabajo muy importante porque lleva maletín»… En ese momento se activan procesos psicológicos que interpretan una idea sobre él que la lleva a juzgarle como una posible pareja. Se produce el efecto halo, es decir, la predisposición a juzgar a otras personas basándonos tan solo en una cualidad sin tener en cuenta más capacidades. Es un sesgo cognitivo que nos condiciona frecuentemente y que puede tener consecuencias muy negativas en las decisiones que tomamos.

Al ver entrar por la puerta a Pedro, musculoso y guapo, María le atribuyó que era inteligente, cuidadoso, responsable, que trabajaba en una buena empresa y que tenía un salario alto porque llevaba ropa cara y maletín. El efecto halo es peligroso, puede llevarnos a escoger a la pareja equivocada. Debemos tratar de recopilar la mayor información posible respecto a esa persona y ser lo más objetivos que podamos.

En el amor,
no te dejes llevar
por la primera impresión.

¡El cuerpo de Pedro era increíble! Era alto, tenía una espalda ancha, un abdomen tonificado que podía entreverse con la camisa y una cara con rasgos muy masculinos, donde resaltaban sus ojos verdes y los labios carnosos. La atracción física es un factor relevante tanto en el hombre como en la mujer, pero según la ciencia a la hora de elegir pareja ellos dan más importancia al físico y ellas perciben como más valioso la personalidad, el carácter y la conexión emocional que tengan al conocerlos. Cierto es que el amor nos entra por los ojos y por eso mismo Pedro se convierte en una droga para María, es un flechazo a primera vista.

Al ver a una persona que nos gusta, los ojos mandan la información a una región del cerebro que nos indica si lo que está viendo le atrae o no. Esto apenas dura unos segundos. En el caso de María, tan solo necesita seis milisegundos para que se produzca el flechazo.

¿El amor es ciego? El enamoramiento

Todos, en alguna ocasión, hemos conectado con alguien de manera inexplicable. Pensamos en esa persona a diario, sentimos un mariposeo constante y queremos pasar el mayor tiempo a su lado. Esto es enamorarse perdidamente. Y es lo que le pasa a María al poco tiempo, que no puede sacarse a Pedro de la cabeza. ¡Es la química del amor! ¿Por qué digo química? Porque en el cuerpo hay un cóctel de químicos que revoluciona las emociones, incluso las sensaciones físicas.

El enamoramiento es un estado emocional que experimentamos al conocer a una persona que nos atrae, que genera alegría, confianza, satisfacción, felicidad y confort. Es una etapa engañosa, pues en el cerebro se producen muchos cambios bioquímicos. Por ejemplo, aumentan los niveles de dopamina, un neurotransmisor que tiene que ver con la sensación de placer, euforia y gratificación. Está involucrada en las emociones que se relacionan con el deseo sexual, la motivación y también con cualquier tipo de adicción —al alcohol, las drogas, el porno, etc.—. El desequilibrio dopaminérgico disminuye la serotonina —otro neurotransmisor— y esto produce falta de interés en hacer otras actividades, hay problemas para conciliar el sueño, disminuye el apetito e incluso afecta a la concentración. La dopamina hace que busquemos cualquier excusa con tal de ver, oír o simplemente estar junto a la persona amada.

Por su parte, la oxitocina —recordemos que es conocida como la hormona del amor— es la encargada de «conectarnos» con ella y de hacer que vivamos el amor romántico del que hemos hablado de manera intensa. Las mujeres producen más que los hombres y se incrementa cuando llegamos al orgasmo, en la lactancia y en el parto. A más oxitocina, más tendencia a proteger a la otra persona, ya que es una sustancia relacionada con el cuidado.

Gracias a este cóctel que se produce nos volvemos ciegos ante los posibles defectos del otro, por eso digo que esta etapa es engañosa, porque parece que solo veamos lo bueno del otro. Pero el cerebro finalmente se termina acostumbrando a esa química y el enamoramiento se acaba. Los expertos afirman que esta etapa puede durar desde unos meses hasta un máximo de cuatro años.

Quitar la venda. La aceptación

Los seres humanos somos únicos. Cada vivencia es la que marca la personalidad y esta es la que hace que veamos y reaccionemos ante el mundo de una determinada manera. Y precisamente es la personalidad la que nos impulsa a actuar de una forma u otra dentro de la relación y la que antes o después nos quita la venda del enamoramiento.

Esta etapa de conocimiento y aceptación es la más compleja y no es estática, pues es en la que aparecen las primeras discrepancias —pueden surgir incluso sin vivir juntos—. Las parejas experimentan altibajos y pasan por múltiples ciclos de ajustes a lo largo de su relación.

Siempre les digo a mis pacientes que no teman al conflicto, este puede ser muy enriquecedor y aportar crecimiento al vínculo.

Lo fundamental es tener capacidad de comunicarnos de modo correcto y saber negociar para la reconciliación. Los expertos en psicología de pareja sugieren que esta fase puede durar desde unos pocos meses hasta varios años, dependiendo de cómo se manejen los desafíos y los conflictos que afloren en este periodo.

La pasión que existía en el enamoramiento disminuye —antes había un gran beso y un abrazo de recibimiento al llegar a casa, ahora solo un «¿qué tal el día?»— y los nervios y el mariposeo del principio desaparecen. Se empiezan a ver las carencias y las imperfecciones del otro. Esto le ocurrió a María después de un tiempo. Ya no le gustaba demasiado que Pedro estuviera tantas horas en el gimnasio ni sus conversaciones tan poco profundas. Además, cada vez que tenía un problema con él, se quedaba bloqueado y no decía nada. Comenzó a tomar conciencia de que no era tan afín a ella como pensaba. Tenían muchas broncas y la pareja en vez de ir a mejor, iba desgastándose día a día.

Trabajar en el mismo equipo. El compromiso

Esta última fase también se llama amor compañero. Ya conocemos los defectos y carencias del otro y, aun así, sabemos que tiene más cualidades y características positivas que negativas, y eso nos aporta equilibrio. Sabemos que surgirán peleas y habrá enfrentamientos, pero los días no serán un campo de batalla; entendemos que podemos hablar sobre ello y juntos buscar soluciones. En el compromiso ya no hay tanta parte pasional ni tanto romanticismo, hay sobre todo cariño. En esta fase estamos en un punto más calmado de la relación.

Amar es maravilloso, y al llegar a esta etapa, a pesar de que ya no sea todo tan apasionado, es bonito porque somos conscientes de que un sentimiento no lo es todo para que una relación funcione. Comprometerse con alguien es garantizar que estamos dispuestos a ofrecer estabilidad, confianza y un contexto donde hacer todo eso posible. Por ejemplo, cambiar de trabajo para poder estar juntos y pasar tiempo de calidad en pareja; no trabajar a deshoras ni los fines de semana para estar con la familia o simplemente escoger un lugar donde vivir. Todas estas conductas indican que queremos hacer que la relación vaya a más, que nos involucramos y que la persona que tenemos al lado significa muchísimo para nosotros.

Para que potencies el compromiso no olvides que enamorarse, amar y funcionar son cosas muy diferentes.

Al enamorarnos todo es euforia, placer, satisfacción, deseo, y esto nos nubla la realidad. Solamente nos apetece estar con la otra persona y no ponemos el foco en las cosas negativas. Cuando amamos, somos más realistas, ya entendemos que la vida en pareja no es perfecta y que surgirán desacuerdos que harán que nos inundemos de conflictos en ciertas épocas. Que sepamos comunicarnos y negociar es crucial para que avancemos en la convivencia. Funcionar es más complejo, porque la relación tiene que ver tanto con los aprendizajes que llevamos en la mochila de experiencias como con la parte social y cultural.

Hoy aún podemos observar cómo a la mujer se le han asignado roles relacionados con la atención y el cuidado de la familia, y al hombre roles relacionados con la producción y el poder. Desde pequeños aprendemos comportamientos que más tarde influyen en la relación, y se pueden convertir en fuente de enfrentamiento. Justamente esto les ocurrió a Pedro y a María.

Él es un chico que había estado sobreprotegido por su familia, le hacían absolutamente todas las tareas y cada vez que surgía un problema, su mamá estaba ahí para ayudarle. A María, sin embargo, sus padres la dejaron caerse en muchas ocasiones para que aprendiera de sus errores, le enseñaron a analizar las situaciones y a buscar posibles soluciones. En la actualidad se ha convertido en una persona altamente resolutiva y con buena autoestima. Pedro, por su parte, cada vez que surge un problema, se bloquea y no sabe qué hacer, todo le genera mucho nerviosismo. ¿Fueron capaces de superar esta etapa de ajustes? Con mucho trabajo, sí. Pedro decidió comenzar terapia psicológica para conocer su historia, hacer frente a ciertos traumas y aprender estrategias de resolución de conflictos y habilidades comunicativas. Ese cambio no se produjo de la noche a la mañana, pero María sentía que Pedro era una buena elección de pareja, le amaba y si solventaban las discrepancias, tenía claro que juntos podían funcionar.

Hay valores elementales que debemos cumplir y que han de ser mutuos si queremos que la relación no se resquebraje en los primeros enfrentamientos. Sin ellos, aparecerá la infelicidad y es probable que todo termine:

- ✓ La honestidad. Mantener un vínculo amoroso no significa ni mucho menos compartir absolutamente todos los secretos, porque hay cosas que son parte de nuestra historia, pero es importante acostumbrarnos a hablar sobre creencias, preocupaciones, reflexiones, etc. Aprenderemos a saber qué necesita nuestra pareja y qué espera ella de nosotros.
- ✓ La gratitud. Cualquier pequeño detalle que la persona a la que amamos tenga con nosotros para hacernos la vida más fácil, el día más agradable, es de agradecer. No cuesta tanto decir GRACIAS y es una manera de fortalecer la relación.

✓ El respeto. Es una conducta que requiere voluntad, hablar con calma, tener un tono de voz adecuado, asertividad y empatía.

Cada pareja pone los suyos —fidelidad, apoyo, tolerancia, empatía, paciencia…—, pero, sin duda, estos para mí serían los tres que determinarían el éxito de cualquier compromiso.

Alicia y Marcos se conocen en Tinder. Viven lejos, pero esto no es problema para él, ya que a Marcos no le importa viajar y desplazarse. Llevan tres meses mandándose mensajes y llega el momento de verse en persona.

Marcos alquila un piso en verano para estar juntos y solo hace falta un mes para que se dé cuenta de que esa relación no va a ningún lado. Su convivencia cuando ella va a verle es terrorífica. Alicia cada vez que se pone nerviosa alza la voz y Marcos detesta eso, le recuerda a sus padres, siempre gritando, echándose cosas en cara, y este es un límite que ha puesto en las relaciones.

Para que una relación sea funcional es importante tener claro qué queremos de ella y conocer los valores en el amor. Cuando Alicia y Marcos vinieron a consulta, ella dijo que no era consciente de alzar la voz. Marcos decidió esperar un poco más para ver si eso cambiaba…, pero no fue así y finalmente terminó por dejarla. Los valores de uno y otro eran muy dispares y, además, no estaban compensados.

Lista de valores y deseos de Marcos:

- ✓ Hablar de manera respetuosa sin alzar la voz o faltar al respeto.
- ✓ Libertad para sus actividades y *hobbies*.
- ✓ Comunicar de forma clara y asertiva cada vez que hubiera un problema.
- ✓ Sinceridad máxima.
- ✓ Familiar. Quería que Alicia tuviera contacto con su padre, madre y hermanos.
- ✓ Tranquilidad. Que le escuchara activamente.
- ✓ Calidad en pareja.
- ✓ Amiga de sus amigos.
- ✓ Que le gustara viajar.
- ✓ Que fuera cariñosa.
- ✓ Quería que cuidara su salud (deporte, alimentación…).
- ✓ Que supiera analizar sus errores (para mejorar día a día).
- ✓ A él le gustaban los animales, a ella no.

Lista de valores y deseos de Alicia:

- ✓ Que fuera cariñoso.
- ✓ Que fuera familiar.
- ✓ Que le diera tranquilidad y paz mental.

¿Hay diferencia? Mucha. La primera, la lista bastante larga de Marcos y la muy corta de Alicia. Él tenía las cosas muy claras y definidas respecto al amor y ella apenas se había planteado qué era lo que realmente necesitaba.

Entre el corazón y la razón está el amor sano.

¿En qué valores crees que fallas más? El objetivo de estas cuestiones no es otro que responder sinceramente sobre el respeto, el apoyo, la comunicación, la confianza y el amor dentro de tu relación.

- Cuando has discutido con tu pareja, ¿en alguna ocasión te has burlado o reído de ella o la has insultado?
- ¿Estás a su lado en sus días flojos, puede contar contigo o le tiendes la mano cuando está mal?
- ¿Sabes expresar de forma asertiva, respetando su opinión, lo que sientes, sin entrar en guerras de egos?
- ¿Eres sincero y honesto con el compromiso?
- ¿Haces sentir a tu pareja que la quieres, con palabras, detalles y gestos?

El objetivo de estas cuestiones que te planteo es que puedas reflexionar y ser sincero sobre si algunos de estos comportamientos están siendo nocivos y perjudicando a tu relación.

Recapitulemos

- La fase del enamoramiento está condicionada por un cóctel químico. La llamamos querida luna de miel precisamente porque todo parece perfecto y muy agradable. No cometamos el error de tomar decisiones importantes que puedan cambiar la vida —comprar una vivienda, un coche, tener un hijo…—. En esta etapa no vemos las cosas con objetividad porque omitimos lo que no nos gusta de la otra persona.

- Una vez nos quitemos la venda de los ojos, será cuando veamos las taras de la pareja y la relación se vuelva más real.

- El tiempo hace que el vínculo afectivo se fortalezca. Es fundamental pasar momentos juntos, realizar planes futuros, tomar decisiones conjuntas y, sobre todo, sentirnos seguros, cuidados y valorados.

- Cuando logramos aceptar las diferencias, llegamos a acuerdos, nos reconocemos como seres imperfectos y vulnerables y aprendemos a entendernos en pareja, es cuando el amor verdadero florece.

5
La familia. Juntos, pero no revueltos

La familia influye de manera transcendental en la vida y tiene un gran impacto en la pareja, tanto para bien como para mal. No elegimos en cuál nacer y seguramente la nuestra no sea perfecta, pero la forma en la que nos hayamos relacionado y conectado con nuestros padres y hermanos y otros miembros que tienen relación de parentesco nos moldeará y forjará en muchísimos aspectos. Quizá crecimos con la certeza de que era maravillosa e idílica, pero cuando nuestros progenitores asuman diferentes roles que descubriremos en nuestro Yo adulto, es probable que empecemos a ver cosas que no nos gustan. Puede que nuestro padre fuera un ser encantador y nuestra madre, arisca y gruñona, o al revés. El caso es que la familia no se elige, nacemos en ella y a lo largo de los años provocará un sinfín de emociones complejas.

Al comenzar o construir una relación es vital tener en cuenta el estilo de crianza que utilizaron con nosotros, el que usaron con nuestra pareja y el que nosotros empleamos con los hijos, si los tuviéramos.

La crianza consiste en cuidar, educar y alimentar a otro ser vivo. Conlleva igualmente ofrecer un soporte material y afectivo con el fin de que pueda desarrollar sus capacidades desde la niñez hasta llegar a la madurez. Depende de cuál utilicemos, repercutirá en su comportamiento futuro y en su estado emocional. Según la conducta o la actitud de los padres podemos distinguir cuatro tipos de crianza: autoritario, democrático, permisivo y negligente. Veamos algunas de sus características y también algunas de sus posibles consecuencias en los hijos.

Autoritario

- ✔ Los padres tienen reglas estrictas y expectativas altas respecto a sus hijos.
- ✔ Los hijos tienen que obedecer a todo lo que se les diga.
- ✔ Usan el castigo como forma de disciplina.
- ✔ Amor condicionado («Te doy amor si cumples las reglas...».).

Efectos

- ✔ Hijos con altos niveles de obediencia y respeto.
- ✔ Mienten por temor a ser castigados.
- ✔ Ansiedad y temor.
- ✔ Baja autoestima.
- ✔ Problemas de comportamiento.

Democrático

- ✔ Los padres establecen reglas firmes y expectativas altas.
- ✔ Los hijos pueden participar en la toma de decisiones.
- ✔ Uso del razonamiento y la discusión para resolver problemas.
- ✔ Amor incondicional.

Efectos

- ✓ Responsabilidad.
- ✓ Autosuficiencia.
- ✓ Habilidades de resolución de problemas.
- ✓ Respeto.
- ✓ Comprensión.

Permisivo

- ✓ Hay reglas y expectativas bajas. Los niños hacen lo que quieren.
- ✓ Libertad de elección. Los padres no usan límites.
- ✓ Uso limitado del castigo.
- ✓ Amor incondicional.

Efectos

- ✓ Niños independientes.
- ✓ Autoconfianza.
- ✓ Egoísmo.
- ✓ Desconsideración con las personas.

Negligente

- ✓ Ausencia de reglas y expectativas.
- ✓ Ausencia de apoyo emocional.
- ✓ Ausencia física o emocional de los padres.

Efectos

- ✓ Problemas de comportamiento.
- ✓ Problemas emocionales.
- ✓ Problemas académicos.

✓ Problemas de autoestima.
✓ Propensión a la delincuencia, las drogas y el alcohol.

Me encantaría saber si te has sentido identificado con alguno de los modelos anteriores y que analizaras qué efecto ha tenido en tu Yo actual. ¿Hay algo que te hiciera daño en la niñez? ¿Qué cambiarías del pasado si pudieras? ¿Sientes que hoy por hoy tus padres y tú tenéis una relación sana y saludable? Si cometieron algunos errores en el camino, reconocer cómo su estilo de crianza te ha afectado es el primer paso para vincularte con alguien. Puedes aprender a ser tu propio padre o madre, brindándote el cuidado y el amor que tal vez no recibiste en su totalidad, y hacer aquellas cosas que no hicieron contigo, y sabes que las necesitabas, como, por ejemplo, escuchar más o dar más afecto. Al final del día, somos responsables del propio viaje emocional, pero entender cómo las experiencias tempranas moldearon ese camino es crucial para construir un futuro más saludable y feliz al lado de otra persona, al igual que es importante que entendamos que tal vez si seguimos los mismos patrones disfuncionales en nuestra familia, eso pueda afectarnos negativamente al construir una relación. Muchas veces creemos que nada podrá influir en el amor, pero no es así.

Si la persona que amamos no se lleva bien con nuestra familia o si nosotros no nos llevamos bien con la suya, la relación puede verse afectada.

Suegras, suegros, cuñados, nueras...

Marta y Manuel se querían, pero el conflicto apareció por sus respectivas familias y su estilo de crianza tan dispar en su infancia.

Manuel vivía en el seno de una familia bastante disfuncional, aunque no fue consciente de esto hasta que empezó la terapia.

Su madre trabajaba en una galería de perfumes y su padre de mecánico, y, además, los fines de semana montaba escenarios. Era su madre la que se encargaba de todas las tareas del hogar, por lo que el desbordamiento era tal que perdía el foco en la parte emocional de sus tres hijos. Para ella era mejor ir resolviendo sus problemas que enseñarles estrategias resolutivas para que los hicieran frente.

El padre era alcohólico. Llegaba a casa borracho muchos días, hablaba mal a su mujer, tiraba los platos contra la pared si no le gustaba la comida y les pegaba a él y a sus hermanos si hacían algo mal. Los gritos, las palabrotas y las conductas agresivas eran constantes, pero Manuel nunca percibió que eso fuera grave. No le gustaba lo que le hacía sentir, pero lo veía normal.

Los padres de Marta decidieron formar equipo y centrarse en la educación de sus hijos. Ambos trabajaban, pero acordaron tener cada día tiempo de calidad con los niños. Les preguntaban mucho sobre sus emociones, les enseñaban estrategias para hacer frente a las situaciones de la vida y, lo más importante, siempre tenían un rato para sentarse juntos y hablar de experiencias y compartir sentimientos.

Marta vio cómo sus padres se hablaban con cariño, cómo había muchos abrazos y besos. Jamás hubo una palabra más alta que la otra.

Manuel vivió en un modelo de relación conflictivo y tóxico sin percatarse de ello. De pequeños no tenemos la capacidad de análisis e interpretación tan desarrollada y simplemente pensamos que debemos ser como lo son los padres. Marta, sin embargo, nació en una familia muy centrada en las emociones. Aprendió a hablar con respeto, a mirar a los ojos, a mantener los turnos de palabra y si algo no le gustaba, a sentarse y solucionarlo.

Si crecemos en un ambiente donde la comunicación y la consideración son importantes, es probable que demos mucho valor a esas cualidades en la pareja. Y si, de repente, conocemos a una persona que habla mal o es intolerante, en dos segundos el cerebro nos produciría un cortocircuito. Sin embargo, si Manuel conociera a una joven que falta al respeto, lo consideraría hasta normal porque ha sido su pan de cada día desde que era pequeño.

Imaginemos por un instante que Manuel ya no tuviera esos comportamientos porque hubiera trabajado muchísimo su historia en terapia, desaprendido patrones disfuncionales y estuviera feliz con Marta. ¿Qué ocurriría cuando esta se adentrara en esa familia y pasara tiempo con ella? En las relaciones de pareja, la familia política puede afectar muchísimo a nuestro estado psicológico y emocional.

Marta me relató en consulta lo mal que lo pasó y lo incómoda que le resultó la primera comida con los padres de Manuel. Este ya le había explicado por encima que ellos eran algo ariscos y muy diferentes a él. Al sentarse a la mesa, comenzó el interrogatorio:

—Oye, ¿y a qué te dedicas? ¿Y tus padres? —le preguntaron.

—Soy médico de familia y ellos también son médicos.

—Vaya…, mi hijo tonto y la novia una superdotada —contestó la madre.

La comida estuvo repleta de comentarios despectivos hacia su hijo y hacia ella. Hubo rechazo desde el primer momento, pero hizo el esfuerzo porque sabía que eran los padres de su novio.

Al cabo de unos meses decidieron empezar a vivir juntos. La cosa fue a peor. La familia de Manuel se presentaba en su casa sin avisar, su madre se ponía a limpiar cuando llegaba y les cambiaba todo de lugar. Llevaba táperes y le decía a Marta que no sabía cocinar como a su hijo le gustaba, y que mejor le hacía ella la comida. Marta aguantó lo que pudo, Manuel no sabía poner límites y lo único que decía era que ellos eran así, que no lo hacían con mala intención.

Es importante tener claro que al comprometernos con una persona lo hacemos no solo con la familia política, también con los amigos, los compañeros de trabajo, los colegas de juerga. Por muy nocivo que haya sido su anterior contexto, siempre será parte del pasado de nuestra pareja, y es necesario que mantengamos una relación afable y respetuosa con todos los que lo componen.

Puedes decidir con quién pasar la vida, pero no elegir su entorno.

Manuel sabía que sus padres no lo habían hecho bien, y la relación que tenía con su madre, sobre todo, era muy tóxica. Le criticaba y, aun así, sentía que le tenía que dar explicaciones de absolutamente todo. Hablaban muchísimo y, en ocasiones, cada vez que discutía con Marta se lo contaba para escuchar su opinión.

Marta comentó en terapia que Ana, su suegra, era sobreprotectora e incluso creía que estaba enamorada de su hijo. Si la telefoneaba preocupado, a los cinco minutos aparecía en casa, ya fuera para darle soluciones o para insultarle y decirle que todo lo que le estaba pasando se lo había buscado. El punto de inflexión llegó en medio de una discusión cuando su madre intervino:

—Mira, hijo, ni la escuches. Lo que está diciendo son sandeces y tú mereces a alguien mejor.

Marta no daba crédito a lo que estaba oyendo y le pidió amablemente que se marchara, que necesitaba hablar a solas con Manuel, a lo que su suegra respondió:

—Que me eche mi hijo; si no, no me voy.

Pero no la echó. Manuel se quedó bloqueado.

Marta no soportaba a su familia política por varios motivos:

- ✔ Se inmiscuía en su relación.
- ✔ Su modelo de familia era incompatible con el suyo.
- ✔ Los conflictos entre ellos acababan salpicándole a ella y a la relación.
- ✔ Tenían personalidades opuestas.

El problema venía de lejos. En ningún momento se habían sentado a marcar los límites emocionales y los de la familia. Ella pensaba que Manuel priorizaba a su madre en múltiples ocasiones y no se sentía apoyada.

Si nuestra pareja siempre acaba anteponiendo a su familia, es más que probable que pensemos que no existe un compromiso serio por su parte para crear la suya propia e incluso nos sintamos rechazados o excluidos de sus planes. La relación poco a poco se marchitará, no fluirá o se truncará del todo. Los límites deben establecerse desde el principio para poder fijar unos acuerdos donde ambos nos sintamos a gusto con el vínculo sentimental y con las respectivas familias.

Navidades: ¿en tu casa o en la mía?

Como psicóloga especializada en relaciones de pareja, he observado que las dinámicas familiares pueden ser como una montaña rusa: emocionantes en algunos momentos, pero aterradores en otros. Cuando no se establecen límites claros, es como si le diéramos a la familia un pase VIP para meterse en todos los rincones de nuestra vida en pareja. ¿El resultado? Conflicto tras conflicto. Por eso, aprender a poner límites de forma respetuosa pero firme es esencial para mantener la paz y la intimidad en la relación.

Antes de continuar, me gustaría que respondieras y reflexionaras sobre las influencias de la familia, tanto de la tuya como de la suya. Tómate tu tiempo, formula las preguntas dentro de ti de forma relajada. Se trata de ser consciente de cada una de las respuestas.

- Si tu madre te llamara a las diez de la noche casi todos los días, ¿se lo permitirías?
- ¿Qué no es negociable para ti en lo relativo a la familia?
- ¿En qué podrías ceder?
- ¿Qué temas crees que se pueden compartir con los familiares?
- ¿Cuánto pueden involucrarse los abuelos en la educación de los hijos?
- ¿Qué compromisos familiares son imprescindibles?
- ¿Cuántas visitas familiares son «demasiadas»?
- ¿Qué comportamientos no permites de tus padres hacia tu pareja?
- ¿Pasáis los festivos con vuestras familias?

Surgirán muchas más preguntas conforme aparezcan otras interacciones. Lo importante es que cada vez que se presenten situaciones donde no te sientas bien, las expreses asertivamente a tu pareja y no acumules acontecimientos que te vayan molestando. La carga emocional podría ser insostenible y la explosión, muy grande.

¿Quién debe establecer los límites a un familiar? Lo recomendable es que sea el propio hijo, nieto, sobrino, etc., porque en ocasiones se da esta paradoja:

—¡No entiendo que tenga que ser yo quien diga a tus padres que no vamos a ir a la boda!

Si la pareja pone los límites y, aun así, el familiar hace lo que quiere, podemos utilizar la empatía y la asertividad, y para ello usar diferentes técnicas. Dos de ellas son la del sándwich y la del disco rayado.

Técnica del sándwich

Este método tiene como fin expresar algo negativo de otra persona sin dañarla y a la vez minimizando el temor al rechazo de lo que sentimos o queremos comunicar. Es una técnica que necesita mucha práctica porque no es fácil hacerla bien la primera vez, pero el resultado es increíble. ¿Cuándo se podría utilizar?

- ✔ Al negarnos a hacer alguna cosa o actividad. («No quiero ir a la boda»).
- ✔ Al pedir que alguien cambie su comportamiento («Quiero que me hables sin palabrotas»).
- ✔ Si somos un poco bruscos al decir las cosas y necesitamos que los diálogos sean más cordiales («Quiero ser sincero y no utilizar el sincericidio»).
- ✔ Al declarar algo con lo que el entorno no está de acuerdo («No estoy de acuerdo en que haya que hacer todo en familia»).
- ✔ Al negar una petición («No quiero ir a recogerle todos los días al trabajo»).
- ✔ Al solicitar un favor.

¿Cómo tendría que utilizar esta técnica Marta ante la madre de Manuel? Hay tres pasos que debería seguir. En primer lugar comenzar la conversación con un elogio o empatizando con su situación para que se disponga a escuchar. Un ejemplo de lo que le podría decir sería:

MARTA.—Ana, entiendo que te preocupes por lo que está sintiendo Manuel en este momento, porque sé que lo quieres mucho.

Tras esto, debe exponerle de manera clara lo que le preocupa. El mensaje, el cambio de conducta que pide, se puede introducir con un «pero» o un «sin embargo»:

MARTA.—Pero no me gusta lo que has dicho porque considero que son temas de pareja. Por favor, te pido que me hables de forma adecuada y nos dejes arreglar esto entre nosotros.

En el último paso debería acabar con otro elogio o un agradecimiento por haberla escuchado.

MARTA.—Ana, confío en ti y me importa mucho lo que pienses.

Técnica de disco rayado

Este método se puede utilizar si sentimos que nuestra pareja nos manipula, acaba desviando cualquier conversación que sacamos o nos termina echando en cara cosas del pasado. Sirve para pedir respetuosamente lo que necesitamos e implica repetir una y otra vez lo mismo de manera muy tranquila, expresando lo que queremos sin enfadarnos o levantar la voz. La repetición continua nos asegurará que no nos desviemos del tema ni surjan problemas secundarios. La clave es estar calmado en todo momento y no rendirnos.

Siguiendo con el ejemplo del caso de la madre de Manuel, esta técnica la podría usar Marta cuando estuviera dialogando con él y Ana se inmiscuyera en el asunto y, además, con un tono alto.

MARTA.—Me gustaría poder charlar con Manuel y, si usted habla, no puedo entenderle.
ANA.—Yo puedo hablar porque es mi hijo.
MARTA.—Por supuesto que tiene derecho a hablar, solo le estoy pidiendo que, por favor, no nos interrumpa para que pueda comunicarme bien con él.

En este momento, Marta ha utilizado la técnica del disco rayado:

ANA.—No sé por qué no puedo decir lo que opino.
MARTA.—Comprendo que le incomode o le irrite no poder dar su punto de vista. No le pido que no opine, solo le estoy pidiendo que, por favor, no nos interrumpa para que pueda comunicarme bien con él.

Marta vuelve a usar la técnica del disco rayado:

ANA.—Bien, espero a que acabéis vosotros y después hablo yo.
MARTA.—Gracias, Ana, por entenderme.

Hay que saber manejar la relación con la familia política y no claudicar a la primera de cambio si no queremos arruinar la relación. Aquí tienes cuatro *tips* que quizá te ayuden a no tirar por la borda lo que llevas construyendo tiempo:

- ✓ No insultes a su familia ni la critiques. A ti no te gustaría que lo hiciera con la tuya.
- ✓ Dile cómo estás realmente, no te guardes nada. Si lo haces, tu pareja no entendería tus malas caras o tu angustia.
- ✓ Marca límites: tu suegro, tu padre, tu madre no tienen el mismo rol en tu casa que tu marido, tu mujer o tu hijo. Cada miembro tiene un papel distinto.
- ✓ En algunos momentos, tú y tu pareja podéis compartir *hobbies* con vuestras respectivas familias. Esto os unirá mucho.

Si tras muchos intentos sentimos que la familia política sigue sin aceptarnos o la relación con ella se vuelve cada día más difícil, tal vez lo conveniente sería que coincidiéramos lo justo y los encuentros se produjeran solo en fechas que tuvieran que ver con acontecimientos inevitables a los que todos tuviéramos que asistir, como alguna boda o las fiestas navideñas. Nuestra pareja, por supuesto, sí puede y debería ir a visitarla —y más si hay hijos de por medio, que querrán estar con sus abuelos—, pero no es necesario que la acompañemos. Es la mejor forma de evitar altercados.

Cada uno de nosotros tiene el control de su vida y es el protagonista de su historia. Si tenemos que marcar distancia, debemos hacerlo.

Recapitulemos

- La familia ofrece compañía, ayuda práctica y emocional, da consejos sabios y es un vínculo afectivo lleno de amor y cariño, pero también puede ser una fuente de conflictos, pues pueden surgir discrepancias de opiniones, valores, estilos de crianza y personalidades que provocan tensiones y discusiones en la relación.

- La pareja es la pareja y la familia, la familia. Hay que saber separar una cosa de otra.

- Al llegar a la madurez debemos desvincularnos de los padres, y no es tarea fácil. Emprender una vida con otra persona conlleva nuevos retos y muchas responsabilidades. En ocasiones nos sentiremos culpables porque creeremos que no estamos pasando suficiente tiempo con ellos, que no les hacemos partícipes de las decisiones, pero cuantos más segundos les regalemos, menos les estaremos dando a nuestra pareja.

- Es importante que haya buena comunicación y que se establezcan de manera clara los límites respecto a la familia política para saber hasta dónde estamos dispuestos a involucrarnos con ella.

- Debemos tomarnos tiempo para conocerla y aprender sobre sus intereses y valores. Seamos respetuosos, amables y comprensivos con ella. Es valiosa para la persona que tenemos al lado.

- Es fundamental que haya acuerdo en cómo manejar y gestionar estas relaciones.

- Los problemas de la pareja no deben incluir a terceras personas.

6
Me ha puesto los cuernos

Hablar de infidelidad es una de las cuestiones más dolorosas que abordo en consulta. Sentir que la persona que quieres siente atracción hacia otra, o incluso ha traspasado la línea roja y ha iniciado una relación, sea de la naturaleza que sea, es una experiencia traumática.

Son muchos los que sostienen tajantemente que jamás serían infieles, y otros que dicen que nunca lo perdonarían. La verdad es que en bastantes ocasiones no cumplimos lo que afirmamos, porque no es lo mismo imaginarlo que vivirlo. A veces amamos con tal intensidad que decidimos dar una segunda oportunidad; otras, es tanta la traición que empaquetamos sus cosas y ponemos su maleta en la puerta; y otras nos quedamos en *shock* y simplemente no sabemos cómo responder. No hay receta universal que se aplique a todos los casos, tiene mucho que ver con la forma de ser de cada uno.

Una noche de sábado, Anna sale con sus amigas y a lo lejos ve a un chico que le llama la atención. Es alto, viste muy bien y nota cómo él la mira. Poco a poco se va acercando hasta que, al final, le invita a una copa. Están toda la velada hablando y la tensión se palpa en el ambiente. Ya de madrugada, y cuando se marchan, David —así se llama— le da su número de teléfono. Anna tiene novio, pero no puede quitarse al joven de la cabeza. Desde ese día no dejan de hablar. David también tiene novia, pero ambos saben que lo que siente el uno por el otro es pura química. Acaban dejando a sus respectivas parejas y comienzan a vivir juntos. La cosa avanza rápidamente y a los tres años se casan.

Después de estar conviviendo diez, sin embargo, ya no hay tanta química, las discrepancias aparecen a diario, no se dan tanto cariño, más bien se reprochan: «No has recogido la ropa», «Cuando me vas a dedicar tiempo, solo te dedicas a trabajar», «Me tienes harta», «Hablas más con tus compañeros que conmigo…». Anna está cansada, ruega amor y David se enfoca más en su trabajo que en el matrimonio.

En ese momento, a la empresa de *marketing* donde trabaja Anna llega Antonio, un especialista en ventas de gran valor. Es educado y siempre tiene una sonrisa en la cara. Está pendiente de ella, se interesa por su vida, le dice lo bien vestida que va y le echa piropos. Hace mucho que no recibe tantas atenciones y eso le provoca unos sentimientos muy extraños que la confunden. Se levanta con ganas de ir a la oficina solo para verle.

Antonio siente cómo le mira, nota el deseo y un día no puede más y se lo dice:

—Mira, Anna, sé que estás casada, pero de verdad que me gustas mucho y quería que lo supieras. Tal vez me dejes de hablar y lo entendería perfectamente, pero no podía quedarme con esto dentro —le suelta en cuanto están a solas.

Anna, atónita, se queda paralizada durante un minuto, pero no lo duda y le besa. A partir de aquí todo va a más.

David empezó a sospechar de la infidelidad al verla contestar unos wasaps. Una mañana, mientras desayunaban, Anna recibió un mensaje de Antonio:

¡Buenos días, Anna! ¡Hoy nos espera una gran reunión! DVYB 🙂

Él no entendió la sonrisa tan especial que puso al leerlo y le preguntó qué pasaba. Se excusó diciendo que era su compi, que estaba muy motivado por la reunión de ese día. Pero mentía, el mensaje tenía un código oculto donde se mandaban notas románticas: DVYB = Deseando Verte Y Besarte.

A David esa sonrisita le recordó a cuando empezaron a estar juntos. Parecía enamorada y eso le creó mucha inseguridad en su relación. Por la noche no dudó en cogerle el móvil, sabía que eso no estaba bien, pero la intuición le decía que algo estaba ocurriendo… Abrió WhatsApp y comenzó a leer:

Dile a tu marido que te vas con Rebeca y vente a mi casa.

El corazón le empezó a latir muy rápido, no podía dar crédito. Anna le pidió exaltada que le devolviera el móvil, pero era demasiado tarde. Lo había leído todo.

Llegaron a mí porque Anna quería seguir en la relación y estaba muy arrepentida. David tenía mucho rencor y no conseguía perdonar, pero la seguía queriendo. Fue un año entero de intensas sesiones; no obstante, consiguieron avanzar en su matrimonio y superar la infidelidad.

¿QUÉ NOS LLEVA A SER INFIELES?

La infidelidad es un comportamiento complejo influenciado por diversos factores —familiares, sociales, externos, etc.—. Si hablamos de los individuales que suelen contribuir a esta falta de fidelidad, habría que destacar que las personas con ciertos rasgos de personalidad —como la búsqueda de sensaciones, la impulsividad y el narcisismo— pueden ser las más propensas a ser desleales.

Por otro lado, es importante tener en cuenta el historial de las relaciones. ¿Hemos vivido alguna en el pasado? ¿Se han producido entre nuestros padres? ¿Hay muchos antecedentes en el entorno? Es relevante analizar esas preguntas porque cada experiencia y cada persona que pasa por la vida deja una huella en las emociones y los pensamientos, así como en las decisiones y acciones que tomamos, y, por ello, que seamos más proclives a ser infieles.

¿Has hablado con tu pareja sobre este tema y qué significa para vosotros? En el despacho siempre comento a mis pacientes que lo más importante en una relación es sentarse y firmar un contrato invisible. Lo llamo así porque en realidad no hay un papel donde se firme nada. Son conversaciones de mucho valor que permiten que entendamos qué es la fidelidad para cada uno. La mayoría de las veces no se hace y luego nos encontramos con situaciones de traición muy difíciles de digerir. Cuando damos la oportunidad a una tercera persona con la cual estamos compartiendo cosas que no debemos, hemos traspasado los límites y roto ese contrato invisible.

Este concepto, el de infidelidad, es subjetivo, y lo que a un miembro de la pareja le parece falta de lealtad, puede que al otro no le ocurra lo mismo. Voy a poner un ejemplo. Imaginemos que nuestro chico conoce a una joven por una red social y comienzan una conversación trivial en la que acaban hablando de sus gustos por el deporte. Empiezan a mandarse fotos en el gimnasio, corriendo al aire libre, haciendo carreras de maratones, y después de ese día, como se han caído muy bien, siguen hablando a diario contándose cosas de su vida personal —trabajo, pareja, *hobbies*...—. ¿Eso sería infidelidad? Muchos dirán que sí; otros opinarán que no ven nada malo por hablar con otras personas; y otros pensarán que no está bien del todo. Desde mi experiencia profesional, se ha traspasado la línea, son conductas que no deberían de darse si estamos en una relación.

Hay que aclarar algo importante: si le confesamos a nuestra pareja que habitualmente hablamos con una chica que acabamos de conocer por redes, que nos cae muy bien, que le contamos la vida y a ella le parece correcto, en este caso no estaremos siendo infieles porque ambos estamos de acuerdo en que mantener esta clase de comportamientos no genera ningún tipo de malestar en la relación. Sin embargo, si lo escondemos, si no decimos nada porque estamos convencidos de que podría molestarla y no se enterara ni de la mitad de lo que hablamos, creo que queda bastante claro que el comportamiento es inapropiado, y, por ende, lo ocultamos.

La infidelidad tiene muchos matices. Si sentimos que las cosas no las estamos haciendo del todo bien, ya sea porque mostramos más interés por alguien del que deberíamos, porque le revelamos cosas íntimas sin conocerle mucho o pensamos en esa persona constantemente, ya sabemos qué puede haber detrás.

Depende de uno mismo abrir la puerta a una posible infidelidad o poner límites, dar valor a la relación y cerrar esa puerta rápidamente.

Tipos de infidelidades

Existen muchas clases de infidelidades, pero las que más solemos comentar los psicólogos son las primarias, las secundarias y las de proximidad.

Primarias: seductores natos

Yo a las primarias les llamo donjuanes. Les encanta seducir y que les seduzcan. Tienen una fuerte necesidad de gustar y muchas de estas personas tienen aventuras fuera de su relación. En ocasiones son descubiertas y se arrepienten, pero en realidad no les importa el daño que puedan hacer, más bien lo que les importa es la falta de libertad para seguir siendo infieles. Si no les pillan, continuarán siéndolo siempre que puedan. Lo contradictorio es que constantemente controlan, son obsesivas y posesivas. Suelen decir frases como:

«No consiento que hables con nadie más que conmigo».
«Si algún día me engañas, atente a las consecuencias».
«Te voy a hacer la vida imposible si me mientes».
«No vas a encontrar en tu vida a alguien como yo».

En la infidelidad primaria nos encontramos con individuos que suelen tener una personalidad narcisista o histriónica, son dos conceptos diferentes. Los primeros siempre llevan una máscara puesta, aparentan lo que no son. Los definiría como lobos disfrazados con piel de cordero. Son seres camaleónicos que a la vista de todo el entorno parecen maravillosos, pero esconden una cara oscura que solo las víctimas y la gente muy cercana son capaces de apreciar. Es muy difícil para ellos mantener la careta las veinticuatro horas del día y es en la intimidad donde se relajan y emerge su verdadero ser manipulador y perverso. Algunos rasgos de esta clase de personas son:

- ✓ Son muy simpáticas y encantadoras al principio. Están muy pendientes de cada detalle para hacerte creer que tienen un gran interés.
- ✓ Critican continuamente a los demás, pero nunca hacen una crítica hacia ellas mismas.
- ✓ Creen que todo gira a su alrededor.
- ✓ No conocen la humildad y sus metas son exageradas e irracionales. En su mente tienen ideas de grandeza o aspiran a rodearse de gente de un alto estatus social.

- ✓ Suelen preocuparse muchísimo por su apariencia y quieren ir impecables.
- ✓ No están dispuestas a aceptar ninguna apreciación o comentario de nadie. Si las juzgan, se ponen a la defensiva e incluso encuentran la manera de vengarse pareciendo que no han hecho nada.
- ✓ Necesitan ser admiradas incondicionalmente.
- ✓ Para conseguir sus fines, explotan a otros mediante la manipulación.
- ✓ Les falta empatía.
- ✓ Son arrogantes y egocéntricas.
- ✓ Son envidiosas y, además, creen que los que les rodean les envidian.
- ✓ Piensan que lo saben todo y son intransigentes.

Las personas histriónicas, por su parte, presentan una emotividad excesiva y generalizada. Su conducta tiene como fin captar la atención de los demás. Se sienten incómodas e incluso poco valoradas cuando no les hacen caso. Pueden comenzar a inventar historias o montar alguna escena con el único objetivo de ser protagonistas. Su forma de vestir es muy exuberante, utilizan ropa con el propósito de ser el centro de las miradas. Algo que les caracteriza especialmente es la provocación sexual y la seducción. Esta conducta no solo se produce ante aquellas personas en las que tengan un especial interés sexual, sino que es tanta su necesidad de seducir que pueden observarse comportamientos de coqueteo hasta en lugares poco apropiados.

Realizar terapia conjunta cuando uno de los miembros de la pareja tiene una personalidad narcisista o histriónica es muy complicado; en estos casos aconsejo hacerlo de manera individual, siempre y cuando el infiel decida que ya no quiere seguir actuando así porque las consecuencias de su conducta le han hecho perder relaciones importantes en su vida y ha decidido que desea trabajar esa necesidad constante de seducir o de gustar a otros.

Secundarias: necesito más

Otra de las razones de infidelidad tiene mucho que ver con la insatisfacción. El infiel busca en otra persona satisfacer lo que su pareja actual no le da. Si cada día hay más quejas, menos abrazos, menos besos, más estresores y menos motivación, no es difícil entender que todo ello produzca un desgaste en la relación y que cada día necesitemos mucho más para estar satisfechos.

Es fundamental entender que la etapa del enamoramiento se acaba. Al principio todo es maravilloso porque estamos idealizando a la persona sin realmente conocerla. Con los años, esa fase termina y comenzamos a ver las taras de quien tenemos al lado. No somos perfectos, por lo que cometeremos muchos errores, y darse cuenta de ellos es esencial para moldearnos y conseguir que el vínculo funcione. Un paciente me dijo un día en consulta:

—Andrea, cómo puede ser que su amigo esté más pendiente de mí que él, que sepa más de mis problemas... Sabe hasta cuándo me toca mi próxima cita con el médico. Mi marido lo único que hace es preocuparse de sus cosas. Le digo que necesito que pasemos más tiempo juntos, que me siento mal porque ni siquiera me busca para acostarnos, y me dice que no sea pesada.

En estas palabras veía la gran necesidad de que su pareja le hiciera caso, se involucrase en el matrimonio y lo único que obtuvo fue una invalidación de lo que ella sentía. No dio ninguna solución y, además, la etiquetó de «pesada». En terapia siempre hablo de lo importante que es escuchar, porque día tras día transmitimos necesidades que no están siendo tenidas en cuenta y atenderlas marca la diferencia en la relación.

Te dejo algunos ejemplos de frases que te pueden ayudar a detectar que tu pareja necesita más de ti y qué quiere que le demuestres.

«¿Puedes dejar el móvil, por favor?».	Necesita que le mires y prestes atención, quiere estar contigo.
«¿Te pasa algo? Hace tiempo que no tenemos relaciones».	Quiere que le busques y sentir que aún hay atracción.
«Siempre tengo yo la iniciativa al hacer los planes».	Necesita que le sorprendas con planes nuevos.
«Constantemente estamos con tu familia».	Necesita tiempo de calidad en pareja, a solas.
«Parece que hablo con una pared».	Necesita que compartas más tiempo juntos, hablando de cosas importantes y que respondas a sus comentarios con soluciones.
«No me dices "te quiero"».	Necesita muestras de afecto.

Es preciso poner más cuidado a cualquier comentario o frase. Detrás de cada uno hay muchas necesidades ignoradas y debemos aprender a desenmascararlas. Puede que nos lo estén repitiendo dos días, tres, una semana… Veo a gente a quien le han pedido cambios durante meses o incluso años y después se extrañan de que les sean desleales.

Mis pacientes se suelen quedar en *shock* cuando les aseguro que la mayoría de las infidelidades se producen porque la pareja no escucha lo que necesita el otro. Y les suelo hacer estas preguntas. Te invito a que las respondas con total sinceridad y reflexiones sobre ellas.

- ¿Sorprendes a tu pareja a menudo?
- ¿Qué espacio de tu horario le das?
- ¿Le das besos cada día?
- ¿Y abrazos?
- ¿Le preguntas sobre sus miedos?
- ¿Le preguntas si es feliz con la vida que tiene?
- ¿Le preguntas si hay algo que pudieras hacer por ella?

No son solo preguntas triviales; son una oportunidad para evaluar cuánto te estás involucrando en la relación y cuánto te esfuerzas por hacer sentir a tu pareja amada y valorada. Reflexionar sobre estas cuestiones puede revelar áreas en las que podrías mejorar y ofrecerte una perspectiva sobre cómo fortalecer tu vínculo emocional.

Si al reflexionar notas que no te esfuerzas lo suficiente, no te preocupes, siempre hay tiempo para mejorar y fortalecer tu relación.

Dedica tiempo de calidad juntos, sin distracciones, como cenas sin teléfonos o paseos. Muestra afecto físico todos los días con besos y abrazos para mantener la conexión emocional. Interésate por sus miedos y preocupaciones, escuchando activamente y sin juzgar, para fortalecer la confianza. Pregunta sobre su felicidad y necesidades para entender mejor sus sentimientos. Ofrece apoyo proactivamente, ayudando en tareas diarias o brindando apoyo emocional en momentos difíciles. Recuerda que no estás solo en este viaje; tu pareja te lo agradecerá.

De proximidad

Imaginemos que entramos en un establecimiento y que, de repente, nos cruzamos con un hombre alto, de ojos verdes, con un físico espectacular y una sonrisa de anuncio que nos mira fijamente y nos pregunta:

—¿Necesita que le ayude en algo?

—No, gracias —le respondemos—, simplemente estaba echando un vistazo.

Salimos por la puerta y nuestros pensamientos comienzan a invadirnos: «Qué guapo», «En cuanto llegue a casa, busco en el Instagram de la tienda y así lo puedo agregar al mío», «Vengo otro día a ver si, por casualidad, me lo encuentro y me alegro la vista», «La próxima vez le pregunto algo»... Bien, pues ya estamos siendo infieles. Todo empieza por ahí, fantasías, pensamientos que se tienen con otra persona. Tener pareja y entrar en el juego de la seducción con otro ES INFIDELIDAD.

Una paciente me decía que en su gimnasio tenía una relación muy cercana con su entrenador y que, al final, llegó a sentir cosas por él. Estaba casado y ella también, pero la tensión se percibía. Ambos eran conscientes de que se gustaban y de que había mucho tonteo, pero tenían claro que eso no iba a pasar de ahí. ¿Crees que a la pareja de esa chica le haría gracia ver cómo flirteaban? ¿Consideras que lo permitiría? Porque claramente me temo que, si se enterase, le disgustaría muchísimo y lo vería como una traición.

- ✓ Liarte una única vez con una persona, aunque tan solo sea un beso de dos segundos, ES INFIDELIDAD.
- ✓ Acostarte con alguien, aunque la persona no signifique nada para ti, ES INFIDELIDAD.
- ✓ Dar *likes* a fotos con la intención de que esa persona sea consciente de que te gusta ES INFIDELIDAD.

- ✓ Hablar por redes sociales con personas que te atraen y no decírselo a tu pareja ES INFIDELIDAD.
- ✓ Omitir a una persona que tiene interés en ti o que te interesa que tienes pareja ES INFIDELIDAD.
- ✓ Salir y quitarte el anillo de casado ES INFIDELIDAD.
- ✓ Llevar una doble vida ES INFIDELIDAD.
- ✓ Que te manden fotos en plan *sexy* ES INFIDELIDAD.
- ✓ Meterte en canales de citas ES INFIDELIDAD.

Medita sobre lo que acabo de decir y contesta con franqueza a estas cuestiones.

- ¿Estás satisfecho con tu relación?
- ¿Crees que tienes una buena comunicación con tu pareja? ¿Le puedes hablar de cualquier cosa?
- ¿Tienes confianza plena en ella?
- ¿Confías en ti?
- ¿Habéis realizado vuestro contrato invisible?

Si hay insatisfacción en la relación, ya sea emocional o sexual, buscarás atención en otro lugar. Si la comunicación no es abierta y honesta, puede conducir a malentendidos y resentimientos, lo que aumentará el riesgo de infidelidad. Si no confías en tu pareja, se incrementará la inseguridad y las conductas disfuncionales. Si no confías en ti, la infidelidad está garantizada. Y si no pactáis el contrato invisible de fidelidad, se traspasarán líneas rojas que destruirán la relación.

Recapitulemos

- En muchas ocasiones depende de nosotros que nuestra pareja nos sea infiel. Analicemos las quejas que nos hace, porque detrás de ellas encontraremos una necesidad muy importante: tiempo, afecto, sinceridad, apoyo...

- Si la pareja tiene rasgos narcisistas o histriónicos, la posibilidad de que haya infidelidad en la relación aumenta.

- En esta vida vamos a sentirnos atraídos por otras personas, lo fundamental es poner atención a las consecuencias que pueden haber si traspasamos las líneas rojas y abrimos la puerta a otra persona. ¿Merece la pena?

- Si los sentimientos hacia la pareja están cambiando y comenzamos a sentir algo por alguien, debemos sentarnos y analizar los pilares de la relación. ¿Habéis buscado soluciones?

- Es habitual que una persona cambie el foco rápidamente si sus necesidades no son cubiertas.

- Las relaciones son un trabajo diario.

7
Hábitos tóxicos vs. hábitos saludables

Cuando dos corazones se unen y comparten un proyecto en común, la vida tiene otro sentido. Sin embargo, la ecuación del amor no siempre funciona. Los obstáculos que van surgiendo pueden convertir el idilio en un infierno.

Todos cargamos con problemas no resueltos, y en ocasiones el malhumor, el enojo o la frustración lo acaba pagando, sin quererlo, la persona que tenemos al lado. No somos ni mucho menos perfectos, pero si queremos que nuestra historia no se resienta, quizá ha llegado la hora de no repetir los mismos patrones una y otra vez y de explorar nuevas conductas.

Imagínate que estás en casa después de un día largo y estresante y tu pareja llega con una noticia emocionante sobre un nuevo proyecto que quiere empezar contigo. En lugar de escuchar con interés y apoyo, tú respondes con sarcasmo y desprecio, diciendo algo como «¿en serio? ¿Otro proyecto que ni siquiera vamos a terminar?». Esta actitud desmotivante y crítica puede ser un hábito tóxico en la comunicación con la pareja. En lugar de animaros mutuamente, se crea desaliento y un ambiente negativo que dificulta el crecimiento conjunto.

Hay comportamientos recurrentes capaces de erosionar lentamente los cimientos del amor y otros que nutren y fortalecen el vínculo. En los primeros son los hábitos tóxicos los que se repiten y en los segundos son los hábitos saludables los que la pareja se encarga de potenciar. Vamos a ver cómo unos y otros influyen y de qué manera, en contra o a favor, consiguiendo, si los trabajamos de forma constructiva, una mejor calidad de vida emocional que nos lleva a superar esos desafíos que se van presentando en el día a día.

Hasta aquí hemos llegado. Venenos letales

Los códigos de convivencia que establezcamos desde el inicio de la relación deben ser claros y adecuados si pretendemos que la pareja funcione y se mantenga unida en el tiempo. Hay trivialidades a las que en los primeros meses no les damos importancia y que poco a poco se convierten en un lastre porque no hemos sabido —o querido— identificarlas o comunicarlas, y las hemos dejado pasar. Lo que al comienzo molestaba, con los años ciertos pensamientos o comportamientos empiezan a hacer mella y a afectarnos muy seriamente. Algunas de las conductas peligrosas que pueden arruinar la relación son la queja constante, proyectar o arrojar la culpabilidad sobre los hombros de la otra persona, el castigo emocional, la amenaza como un ultimátum y la crítica destructiva.

La queja. Una fórmula poco eficaz

—¿Por qué siempre tienes que llegar tarde, Julia? —se queja Marco.

—No siempre llego tarde —Julia se siente atacada—. A veces las cosas se complican en el trabajo, ¿no lo entiendes o qué?

—Lo entiendo, pero podrías avisar, ¿no? Me haces esperar y sentir como si mi tiempo no importara —responde él, levantando la voz.

—¿Y qué pasa con tu manía de dejar tus cosas tiradas por medio de la casa? ¡Es como si vivieras en un basurero!

—¡Oh, por favor! ¿A qué viene esto ahora? ¿Y tú crees que mantienes todo impecable? Siempre estás dejando tus cosas en el baño, en la cocina..., en todas partes.

—¡Eso no es cierto! Solo trato de mantener algo de orden, pero parece que nunca es suficiente para ti.

La discusión y las quejas continúan. Ninguno está dispuesto a ceder, cada uno se aferra a su verdad.

—¿Por qué no podemos tener una conversación sin que se convierta en una pelea? —pregunta Julia, sintiéndose agotada por la tensión.

—Porque siempre sacas a relucir momentos del pasado y nunca puedes escuchar lo que tengo que decir.

La comunicación entre Marco y Julia se ha visto completamente eclipsada por una serie de acusaciones y resentimientos acumulados. Parece que el diálogo sosegado ante los desacuerdos es imposible.

La queja es como una pequeña grieta en la ventana de la casa. Al principio, apenas la notamos, es una mínima molestia, sin embargo, si la ignoramos y no hacemos nada por repararla, semana a semana se irá agrandando más y más. A la queja es como si le añadiéramos un golpecito extra que la hiciera crecer. Si no le prestamos atención, llegará un momento en el que esa ventana se romperá por completo, dejando entrar suciedad, ruidos, frío… en el hogar. Lo mismo ocurre en las relaciones; si no arreglamos esas grietitas plagadas de quejas, terminarán rompiendo el vínculo que tanto nos importa. Es mejor ocuparse de ellas antes de que el problema se vuelva enorme.

Las quejas agotan,
alimentan el conflicto
y no facilitan la solución.

Cuando existe un ciclo interminable de quejas, lo único que conseguimos es crear distancia. Estos son algunos ejemplos que pueden servirte de herramientas para convertir la queja en necesidad y así poder conseguir una comunicación exitosa y afectiva con tu pareja.

QUEJA	NECESIDAD
«Siempre olvidas nuestras fechas importantes».	Necesito que recordemos juntos estas fechas para fortalecer la relación y así sentir que te importo.
«Nunca pasas tiempo conmigo».	Necesito que dediquemos tiempo exclusivo para fortalecer la relación y crear recuerdos juntos.
«Siempre dejas tus cosas tiradas por toda la casa».	Necesito que ambos contribuyamos a mantener el espacio ordenado para crear un ambiente más armonioso en el hogar.
«Siempre me interrumpes cuando estoy hablando».	Necesito que nos escuchemos mutuamente para mejorar la comunicación y la comprensión en la relación.
«Nunca me ayudas con las tareas domésticas».	Necesito que compartamos las labores del hogar para aliviar mi carga y fortalecer el trabajo en equipo.

La culpabilidad. En busca del responsable

Echarle la culpa al otro es como tratar de apagar un incendio con gasolina. En lugar de resolver los problemas, solo avivamos las llamas del conflicto. Nos convertimos en adversarios en una batalla sin fin de culpas y excusas. Al final, lo único que nos quedan son cenizas de lo que fue una conexión sólida y amorosa.

—¡He llegado tarde al trabajo por tu culpa! ¿Cómo se te ocurre estar maquillándote durante media hora sabiendo que tengo una reunión importante? —dice Laura.

—No me vengas con esas excusas —responde Ana—. Aquí la que siempre te espera soy yo. Deberías haber puesto la alarma treinta minutos antes y así no llegarías tarde. Sabes que no salgo de casa sin maquillarme, así que la culpa es tuya.

No debemos buscar culpables, el verdadero crecimiento y la conexión profunda surgen cuando asumimos el compromiso de nuestras acciones y emociones. Para cambiar la culpabilidad por una perspectiva de responsabilidad personal, puedes seguir estos tres pasos:

- ✔ Reflexiona y pregúntate: «¿Cómo se siente mi pareja?».
- ✔ Reconoce: «¿Qué he hecho mal?».
- ✔ Toma medidas y aporta soluciones: «¿Qué puedo mejorar la próxima vez?».

Laura debería haber reflexionado sobre cómo su falta de previsión contribuyó al estrés de Ana, reconociendo que tendría que haber anticipado la posibilidad de retrasarse debido al tiempo que necesita para maquillarse. Por otro lado, Ana debería haber reconocido que también podría haber sido más comprensiva y haber recordado a Laura el valor de llegar a tiempo. Después de asumir la responsabilidad, tomaron medidas para evitar futuros conflictos. Laura se comprometió a ser más consciente de su tiempo y a anticipar posibles demoras, a la vez que Ana se comprometió a comunicar sus necesidades de manera más clara y a recordarle a Laura que debía cumplir con los horarios establecidos.

Al aceptar la responsabilidad y buscar soluciones creamos un ambiente de apoyo mutuo donde los dos nos sentimos valorados y comprendidos.

El castigo emocional

Castigar a la pareja es como construir un muro entre ambos. Los castigos añaden ladrillos a esa tapia y lo único que conseguimos con ello es separarnos un poco más. Aunque en principio puede parecer una forma de protegernos, en realidad solo creamos una división que dificulta la comunicación y la intimidad. Pensemos que con cada ladrillo el vínculo se debilita, hasta incluso se vuelve difícil ver más allá de la barrera que hemos construido.

Si bien es natural experimentar frustración o disgusto en ciertas situaciones, el modo en que expresamos estos sentimientos puede hacer que la calidad de la conexión con la pareja se altere profundamente. El castigo, ya sea a través de palabras hirientes, con actitudes pasivo-agresivas o incluso con la imposición de sanciones, va a crear resentimiento y distancia emocional, y se está tirando por los suelos el pilar del respeto recíproco.

Carlos siente que Valeria pasa demasiado tiempo en el trabajo y descuida su relación, mientras que Valeria argumenta que está trabajando duro para asegurar su futuro juntos. En lugar de abordar estas preocupaciones de manera directa y constructiva, él decide adoptar un enfoque pasivo-agresivo para castigarla.

Valeria llega a casa agotada y busca un poco de apoyo emocional de Carlos. Sin embargo, este responde con frialdad y distanciamiento, evitando el contacto visual y mostrando poco interés en lo que ella tiene que decir.

Durante la cena, Carlos apenas habla y se retira temprano a la cama sin ni siquiera desearle las buenas noches. A la mañana siguiente, en lugar de hablar sobre lo que realmente le incomoda, decide pasar el día fuera sin decirle a Valeria dónde va ni cuándo regresará, es su manera de castigarla y hacerle entender que está molesto.

Adoptar un comportamiento pasivo-agresivo jamás soluciona un roce, un enfado o un conflicto. ¿Lo adecuado ante el suceso anterior?: una respuesta funcional, lo que implicaría que Carlos y Valeria tuvieran una comunicación abierta y honesta.

Es importante no atacar con las frases que utilicemos, por lo que es recomendable que transmitamos los sentimientos desde la perspectiva del Yo. Te pongo algunos ejemplos:

«Me preocupo cuando no sé dónde estás porque me importas mucho y quiero asegurarme de que te encuentras bien».
«Cuando no compartimos tiempo juntos, me siento desconectado y echo de menos la conexión que teníamos».
«Me frustro al no poder expresar mis opiniones libremente, porque valoro la comunicación abierta y honesta».
«Si noto que estás distante, me preocupa que algo esté mal y me gustaría entender cómo puedo ayudarte».
«Cuando discutimos y no resolvemos los problemas, me siento ansioso y desearía que juntos encontráramos una solución».
«Soy feliz y estoy agradecido al compartir instantes especiales juntos, porque son esos momentos precisamente los que fortalecen nuestra relación».
«Cuando me escuchas y muestras empatía hacia mis sentimientos, siento que me amas y me comprendes».
«Cuando no recibimos muestras de afecto el uno del otro, me siento distante y me gustaría hallar formas de reconectar emocionalmente».
«Me siento inseguro cuando no sé si estás feliz en la relación, porque tu felicidad es fundamental para mí y quiero hacer todo lo posible para contribuir a ella».
«Cuando expresamos gratitud y aprecio el uno por el otro, me hace sentir valorado y fortalece nuestro vínculo».

La amenaza. Una señal de manipulación

La amenaza, dentro de una relación, genera un clima de mucho miedo y desconfianza que puede llegar a destrozarla. Es uno de los hábitos nocivos que debe desaparecer lo más rápido posible. Puede ser tanto verbal como darse a través de gestos o acciones, y tiene un gran poder destructivo sobre los miembros de la pareja, mina la autoestima, el sentido de seguridad y el bienestar emocional. Es crucial comprender que esta conducta no solo daña la dinámica de la relación, también perpetúa un ciclo tóxico que puede ser difícil de romper. Algunos ejemplos de amenaza verbal son:

«Si sales con tus amigos esta noche, prepara tus cosas porque te vas de esta casa».
«Si no dejas de hablar con esa persona, te voy a hacer la vida imposible».
«Si no consigues ese trabajo, no voy a apoyarte más y tendrás que buscarte otro lugar donde vivir».
«Si sigues gastando dinero en eso, voy a cancelar tus tarjetas de crédito y tus cuentas bancarias».
«Si no dejas de hablar con tu ex, voy a contarle a todos nuestros amigos secretos vergonzosos tuyos».
«Si no accedes a tener relaciones sexuales conmigo, buscaré a alguien que sí esté dispuesto a tenerlas».

La forma funcional de manejar las discrepancias en una relación NUNCA será utilizando la amenaza. Si las estás sufriendo, como he dicho, debes priorizar tu seguridad y el bienestar emocional. Para ello:

- ✓ Establece límites claros. Comunica de manera firme, pero respetuosa, que no son aceptables y que no las vas a tolerar en el futuro.
- ✓ Busca ayuda de amigos, familiares o profesionales de la salud mental que puedan ofrecerte orientación y apoyo emocional durante este proceso.
- ✓ Ten una comunicación abierta. Expresa cómo te sientes cuando las sufres y cómo afectan en tu bienestar emocional y en la salud de la relación.

Si, por otro lado, somos nosotros los que las utilizamos, es vital cambiar estos patrones de comunicación por frases más empáticas.

FRASE AMENAZANTE	FRASE EMPÁTICA
«Si sales con tus amigos esta noche, prepara tus cosas porque te vas de esta casa».	«Entiendo que quieras pasar tiempo con tus amigos esta noche. ¿Podemos hablar sobre cómo podríamos equilibrar nuestras necesidades individuales con nuestras responsabilidades en casa?».
«Si no dejas de hablar con tu ex, voy a contarle a todos nuestros amigos secretos vergonzosos tuyos».	«Me preocupa que todavía mantengas contacto con tu ex. ¿Podríamos hablar sobre cómo puedo sentirme más seguro en nuestra relación y manejar mis preocupaciones juntos?».

«Si no accedes a tener relaciones sexuales conmigo, buscaré a alguien que sí esté dispuesto a tenerlas».	«Entiendo que esto es importante para ti, pero siento mucha presión cuando planteas la situación de esa manera. ¿Podemos hablar sobre cómo mejorar nuestra conexión emocional y física juntos?».
«Si no abandonas ese *hobby* que tanto te gusta, pienso boicotear todas tus reuniones relacionadas con ello».	«Sé que disfrutas mucho de tu *hobby*, pero a veces creo que le dedicas más tiempo que a mí. ¿Podríamos encontrar un equilibrio que nos permita disfrutar a ambos de nuestras actividades y pasar más momentos juntos?».
«Si no haces lo que te digo, difundiré rumores sobre ti en el trabajo para que te despidan».	«En ocasiones pienso que no compartimos los mismos intereses. ¿Podemos buscar maneras de resolver nuestros desacuerdos de una forma más constructiva y que no afecte negativamente a ninguno?».

En lugar de recurrir a la intimidación o al control, es fundamental fomentar la comunicación saludable, el respeto mutuo y la resolución pacífica de conflictos para construir relaciones sólidas y enriquecedoras.

La crítica destructiva

Cuando uno de los miembros de la pareja se siente continuamente evaluado y criticado, es probable que su autoestima disminuya y la ansiedad y su estrés aumenten. Esta dinámica crea un ambiente tenso y poco acogedor, dificultando la comunicación abierta y el trabajo en equipo.

Luis y Martina llevan varios años juntos. Él es meticuloso y ordenado y ella tiende a ser más relajada y menos estructurada en su forma de hacer las cosas. Luis, en lugar de valorar su espontaneidad, la critica por su falta de organización y le reprocha siempre que algo no está como quiere.

Cuando Martina planea una cena improvisada con amigos, la juzga por no haber hecho la lista de la compra o no haber limpiado la casa adecuadamente. Con esta actitud se siente cada día más cuestionada y menospreciada, también insegura y poco valorada, lo que afecta a su autoestima y a su conexión emocional con Luis. Su relación se resiente y cada vez es más tensa. No deja de llorar con la situación y verbaliza que ya no puede más.

En vez de criticar y juzgar, es importante expresar las preocupaciones o las necesidades de manera constructiva y respetuosa. Esto implica escuchar activamente a la pareja, intentar comprender su punto de vista y trabajar juntos para hallar soluciones que sean satisfactorias para los dos. Hay que establecer expectativas claras, llegar a compromisos y apoyarse en las fortalezas individuales de cada uno. También cultivar la aceptación, la comprensión y el apoyo mutuo en lugar de juzgar y criticar siempre al otro.

Veamos un ejemplo de diálogo constructivo entre Luis y Martina, en él no existe para nada ningún juicio ni crítica destructiva.

LUIS.—Martina, entiendo que te gusta ser espontánea, y eso es algo que admiro de ti. Sin embargo, a veces me siento abrumado cuando las cosas están algo desorganizadas, como anoche con la cena que no estaba prevista.

MARTINA.—Lo siento, Luis. No me di cuenta de que te afectaba tanto. ¿Qué podemos hacer para que ambos estemos más cómodos en estas situaciones?

LUIS.—Creo que podríamos establecer algunos acuerdos. Por ejemplo, intentar planificar este tipo de cenas con más anticipación para que los dos estemos preparados y podamos disfrutar sin preocupaciones.

MARTINA.—Eso suena bien. También puedo esforzarme más en mantener la casa ordenada para que te sientas mejor.

LUIS.—Y yo puedo intentar relajarme un poco más y recordar que lo importante es estar juntos y disfrutar el momento, independientemente de si todo está perfectamente organizado o no.

MARTINA.—Gracias por ser comprensivo, Luis. Me hace sentir más tranquila saber que podemos encontrar soluciones a todo.

LUIS.—Por supuesto, Martina. Estamos en esto juntos, y siempre buscaremos una manera para que la relación funcione.

Como ves, es importante hablar desde el «nosotros». Esto hace que la pareja sienta que es un equipo.

El valor de los pequeños gestos

Estar al pie del cañón a diario es difícil porque no siempre nos vemos con fuerzas. Hay días en los que brillamos y desprendemos alegría y mucha energía, y otros oscuros en los que saltamos a la mínima y tenemos un semblante bastante apagado. ¿Sabes que un simple gesto puede hacer que tu pareja se sienta mejor? Esa palmadita en la espalda cuando hemos tenido un mal día, ese «sé que puedes hacerlo» que nos impulsa a seguir adelante incluso cuando sentimos que estamos en el punto más bajo. ¿No nos sentimos invencibles al saber que tenemos a alguien que cree en nosotros?

En una relación es esencial mantener hábitos afectuosos: apoyo, ánimo, escucha, aceptación, confianza, respeto y negociación de las diferencias... son para mí pilares fundamentales en la comunicación y hay que cuidarlos y no desatenderlos nunca.

Me gusta sentir cómo un miembro de la pareja sabe ponerse en los zapatos del otro. Sabe escuchar lo que le tiene que decir, sin interrumpir ni pensar en qué va a responder. Está presente de verdad y hace saber a su acompañante de vida que sus palabras importan. Apoya y anima como si fuera el fan número uno, siempre alentando y celebrando las victorias. Al final del día, eso es lo que hace que la relación crezca y se mantenga fuerte.

La aceptación es también muy valiosa. La pareja es tal como es, con sus peculiaridades y defectos. Es comprender que nosotros no somos perfectos y que tampoco ella lo es, y, aun así, la amamos con todo el corazón. No hay necesidad de cambiar a nadie, solo de aceptarse y amarse mutuamente.

La confianza es la base de toda relación sólida. Esta se construye con el tiempo, a través de acciones consistentes que demuestran que podemos confiar en otra persona en cualquier momento, en cualquier situación, pase lo que pase. Siempre estará ahí para nosotros. En lo bueno y en lo malo.

El respeto es tratar al otro con cortesía y consideración, incluso cuando estamos en desacuerdo. Es tener miramientos con sus opiniones y sus límites, y nunca hacer nada que pueda dañar su dignidad o autoestima.

La negociación es aprender a resolver conflictos de forma constructiva. Significa comunicarse de manera abierta y honesta, escuchando las necesidades y preocupaciones de ambos, y buscando soluciones que satisfagan a los dos. Es comprender que en una relación, a veces hay que ceder un poco para mantener la armonía y el equilibrio.

Para terminar el capítulo, te dejo un ejercicio que puedes hacer en pareja. Tomaos vuestro tiempo, no hay prisa. Conectar juntos con las respuestas e interiorizarlas.

- ¿Qué hábitos tóxicos están presentes en vuestra relación? ¿La crítica? ¿La culpa? ¿La queja? ¿El reproche? ¿La amenaza? ¿El castigo?
- Además de estas actitudes, ¿qué otras están poniendo en peligro vuestra relación? Pensad cada uno en las suyas.
- ¿Qué hábitos saludables o afectuosos están presentes en vuestra relación? ¿El apoyo? ¿El ánimo? ¿La escucha? ¿La aceptación? ¿La confianza? ¿El respeto? ¿La negociación?
- ¿Qué hábitos saludables o afectuosos vais a poner en práctica desde este momento?
- Poned un conflicto en común.

- Nombrad los hábitos que habéis utilizado cada miembro de la pareja y volver a rehacer el conflicto utilizando solo los afectuosos, ¿cómo lo haríais?

Seguro que te has dado cuenta, y tu pareja también, de muchos comportamientos que habíais pasado por alto. Espero que a partir de ahora tengáis claro cuáles son los límites que no se pueden sobrepasar y los gestos que no se deben olvidar.

Recapitulemos

- Es preferible hablar de lo que realmente necesitamos que estar quejándonos o echando la culpa por todo a nuestra pareja. Esta es la manera más rápida de estropear una relación.

- El castigo, las indirectas y las amenazas solo sirven para alejarnos de quien queremos.

- Aceptemos que nadie es perfecto, dejemos de criticar y señalar con el dedo y trabajemos juntos para seguir adelante.

- El apoyo y el ánimo fortalecen la conexión de una relación, de la misma forma que lo hace la escucha activa y el entendimiento.

- Aceptar al otro tal como es, con sus imperfecciones, ayuda a reforzar la unión.

- Para que en la relación exista armonía es necesario respeto a las opiniones y a las diferencias.

8
HABLANDO EL MISMO IDIOMA

Cuántas veces nos ponemos a charlar de aquello que no nos gusta y la conversación coge un rumbo que ni mucho menos es el que esperábamos. Hablemos de la comunicación, uno de los pilares para que una relación perdure en el tiempo y se fortalezca, y qué mejor ejemplo para entender lo que supone comunicarse bien en una pareja que el de Gonzalo y Paula.

—Necesitamos hablar —dice Gonzalo en un tono muy serio.

—¿Otra vez? Siempre estamos hablando, ¿no podemos disfrutar solo del momento? —responde Paula bastante frustrada.

Gonzalo suspira, pero continúa adelante:

—Paula, sé que siempre estamos ocupados, sin embargo, últimamente creo que no conectamos como solíamos hacerlo. Quiero entender cómo te sientes.

Paula levanta la mirada, sorprendida por la frase de Gonzalo. Después de un breve silencio, decide compartir lo que lleva tiempo pensando.

—No es que no quiera hablar contigo, es solo que tengo la impresión de que no me escuchas. A veces me interrumpes o pareces distraído, y así es como hablar con una pared.

Gonzalo asiente, reconociendo que quizá la clave no es la cantidad de palabras, sino la calidad de la escucha.

—Tienes razón, Paula. En ocasiones estoy tan atrapado con lo mío que no te presto la atención que mereces. Quiero cambiar eso.

Y así comenzó la transformación en la forma en que Paula y Gonzalo se comunicaban. No se trataba solo de hablar, se trataba de escuchar con empatía y comprensión.

Sin una buena comunicación no puede existir entendimiento, y de este modo es inviable que se solucionen los conflictos. Ya hemos dicho que estos no son malos si se resuelven bien, puesto que las discrepancias disminuirán y el clima en el hogar será más positivo. Por eso ha llegado el momento de descubrir el maravilloso mundo de la comunicación y cómo hacer que las conversaciones sean efectivas. Para ello comencemos por las cosas que dificultan que nos entendamos. ¿Qué puede complicar las discusiones? En consulta aprecio cómo las parejas crean, sin saberlo, muros que bloquean el acuerdo y la conexión. Romperlos requiere un esfuerzo consciente, un compromiso para escuchar activamente y expresarse con sinceridad. Solo al tomar conciencia de los muros podremos ser capaces de una relación más profunda.

Las barreras de la comunicación

Son obstáculos que aparecen al hablar y pueden hacer que no entendamos bien o distorsionemos lo que nos dicen. Un ejemplo claro es el teléfono escacharrado, roto o descompuesto —en cada zona se llama de una forma distinta—, es posible que lo jugaras en el colegio. Las reglas son sencillas: ir pasando un mensaje al oído de un compañero y este a otro, con el inconveniente de escucharse fatal, por lo que llega alterado al último.

La comunicación eficaz no es tarea fácil. Requiere estar muy pendiente de cada detalle y muchas veces hay información que se pierde o no se analiza. Si esto sucede, acaba siendo muy pobre con el otro miembro de la pareja. Pueden darse varios tipos de interferencias:

- ✔ Físicas. Me está hablando y hay mucho ruido; me habla desde el segundo piso y casi no puedo entender lo que dice por la distancia; estamos hablando por el móvil y se va la cobertura…
- ✔ Fisiológicas. Problemas de audición, por ejemplo. Recuerdo a una paciente que no oía bien y apenas comprendía lo que le decía su marido.
- ✔ Psicológicas. Son de las más importantes y tienen que ver con el estado emocional en el que nos encontramos tanto nosotros como nuestra pareja. La personalidad también influye en que la comunicación sea de una determinada forma.

Distorsiones cognitivas. Errores de pensamiento

Hay un tipo de pensamientos que los psicólogos llamamos distorsiones cognitivas, y que son errores en los que incurrimos al procesar o interpretar la información que nos llega. Estas distorsiones son pensamientos poco racionales y negativos que afectan a nuestra manera de concebir la realidad. La mayoría de las dificultades de comunicación vienen derivadas justamente de esta clase de pensamientos que vamos haciendo en cada una de las situaciones de la vida, y que en ocasiones son erróneos. Veamos cuáles son los que más pueden afectarnos en una relación de pareja.

El filtraje o la abstracción selectiva

Fíjate en los filtros de Instagram, esos que nos hacen lucir como estrellas de cine incluso antes de tomar el primer café. ¡Parecen geniales al principio, pero al poco nos damos cuenta de que nada es como parece! Pues así interpreta a veces el cerebro la realidad.

Imaginemos que nuestra pareja nos sorprende y nos lleva a un restaurante magnífico; de hecho, es el que más nos gusta y, además, fue donde tuvimos la primera cita. Reímos con ella, nos vienen a la cabeza muchísimos recuerdos, alguna anécdota que otra y el cariño se palpa en el ambiente, pero el camarero llega a la mesa con el plato de pollo quemado. Al salir del local, la mente empezará a filtrar lo malo de esa noche: «Venir aquí ha sido lo peor, el pollo no se podía comer». Hemos olvidado los momentos generales y nos hemos centrado tan solo en un hecho: el pollo quemado.

Siempre que recuerdes lo negativo de un acontecimiento, intenta cambiar el foco a las cosas positivas.

Una pareja está de vacaciones con una amiga. El viaje lo hacen en coche y entre los dos se van alternando para conducir. De repente, en la ruta hay una zona de curvas donde por motivos de seguridad el que conduce tiene que hacer una maniobra brusca y da un volantazo. En ese instante comienza el cruce de acusaciones.

—Ibas demasiado rápido. Eso te pasa por no estar pendiente de la carretera.

—Me estás poniendo de los nervios —es la respuesta del que conduce.

Cuando finalmente llegan al lugar y comienzan a hablar de lo que ha pasado, creen que han estado discutiendo todo el tiempo, a lo que la amiga les corrige:

—No os equivoquéis, solo habéis discutido un par de minutos. El viaje ha sido maravilloso.

Cuando hacemos filtraje —también se llama a este tipo de distorsión cognitiva visión de túnel— dejamos de lado los buenos momentos y la atención la enfocamos solo en los malos. Es importante que consideremos siempre la situación general, si no ¡llegan las críticas, el menosprecio y las culpas, y esto poco va a ayudar en la relación! Un buen ejercicio es anotar en un bloc las situaciones agradables que hayamos vivido ese día con la pareja.

El pensamiento polarizado

Este razonamiento dicotómico es muy común y se centra en la idea de tener solo dos opciones extremas: «Todos los días enfadado. No puedo soportar a mi marido, me separo». Algunas palabras representativas de este tipo de filtro mental son:

> «Siempre», «Todo»,
> «Nunca», «nada»...

«Hace todo mal», «No hago nada bien», «No voy a poder superar esta fase», «Me voy a quedar sola toda la vida»... Por lo tanto, etiquetamos un comportamiento propio o de la otra persona como correcto o incorrecto, justo o injusto, pero hay que empezar a entender que en la vida no es todo blanco o negro, hay que ver también la escala de grises.

Si crees que tu pareja se pasa la semana entera enfadada, estoy convencida de que no es así. Seguro que algunos días o en algunos momentos está más relajada y tranquila.

Es conveniente que analicemos los extremos de la situación que ha creado la mente y los escribamos en un papel. A golpe de vista veremos que no todo es tan radical como pensamos.

La personalización

Ocurre al hacernos responsables o culpabilizarnos de sucesos externos sin tener ninguna evidencia. Por ejemplo: «Algo he hecho para que mi pareja esté hoy tan disgustada», «Seguro que lo que le he dicho le ha sentado mal y por eso está tan seria conmigo», «Si se ha ido con sus amigos es porque se aburre estando a mi lado»... Antes de personalizar, te recomiendo que te hagas unas preguntas:

- ¿Es totalmente cierto ese pensamiento?
- ¿Qué evidencia tienes de que esté enfadada por tu culpa?
- ¿Te lo ha dicho?
- ¿Puedes probarlo?
- ¿Es eso una buena prueba?
- ¿Tienes evidencia en contra de tu afirmación?
- ¿Hay algo que te indique que puedes estar cometiendo un error?

Después de responderlas tendrás más claro que tu cabeza de nuevo te está jugando una mala pasada y todo lo ves con tintes negativos. En lugar de asumir culpas infundadas, practica la autocompasión y la comunicación abierta con tu pareja. Al hablar sobre tus preocupaciones y escuchar sus sentimientos, evitarás malentendidos y fortalecerás el vínculo entre ambos. No olvides que es esencial cuestionar tus pensamientos automáticos y buscar evidencia objetiva antes de llegar a conclusiones precipitadas. ¿Cómo puedes empezar a cambiar esta forma de pensar hoy mismo para mejorar tu bienestar emocional y la calidad de tus relaciones?

La adivinación del pensamiento

Básicamente es tener la certeza de que podemos predecir lo que otra persona está pensando o incluso saber lo que va a suceder —por eso esta distorsión cognitiva se llama también lectura de mente o bola de cristal—. Por ejemplo: «Tendría que saber que quiero ir a casa de mis padres sin necesidad de que yo se lo diga», «Está mirando a esa chica porque seguro que tuvo algo con ella en el pasado»... De verdad, no tenemos una bola de cristal que adivine el futuro y tampoco telepatía para descifrar nada. Debemos darnos cuenta de que muchos de los pensamientos ni son reales y ni son verdades absolutas.

Expresa tus preferencias, cómo te sientes y da claridad a tus ideas para no hacer conjeturas. Evitarás muchísimos conflictos.

Razonamiento emocional

Ocurre cuando permitimos que las emociones dominen la interpretación de una situación en lugar de evaluarla de manera racional. En otras palabras: en vez de basar el pensamiento en evidencias y hechos concretos permitimos que las emociones influyan en la forma de pensar. Esto nos puede llevar a conclusiones sesgadas o irracionales debido a la influencia excesiva de las emociones en nuestro juicio.

Es importante reconocer este proceso mental como una distorsión cognitiva para poder abordarlo de modo efectivo y tomar decisiones más informadas y equilibradas. Ello implica practicar la autoconciencia emocional, cuestionar los pensamientos y emociones y buscar una perspectiva más imparcial cuando nos enfrentemos a momentos difíciles.

Los debería

Cada individuo es responsable de sus necesidades y sentimientos. No podemos estar pendientes de que otra persona haga lo que creemos que debería hacer o de que nosotros la complazcamos a todos los niveles: «Debería saber qué es lo que me está pasando», «Debería dejar ese trabajo por nuestra familia», «Debería estar siempre atento a lo que necesito»...

Para identificar esta distorsión cognitiva hay unas palabras clave que solemos usar en ocasiones y que sería conveniente aprender a liberarnos de ellas:

> «Debería de...», «No debería...», «Tendrías que...», «Tengo que...», «No tengo que...», «Tiene que...»...

¿Por qué debe ser así? ¿Por qué tiene que hacer tu pareja algo como tú quieres? Mi recomendación es que en lugar de usar términos absolutos como «debería», intentes usar un lenguaje más flexible y compasivo. Por ejemplo, en vez de decir «debería hacer ejercicio todos los días», podrías decir «sería beneficioso para mí hacer ejercicio regularmente».

Acepta también que las cosas pueden no salir siempre como lo planeaste y sé flexible en tu enfoque. Aprende a adaptarte a los cambios y a encontrar soluciones alternativas cuando sea necesario. Tu relación puede mejorar muchísimo.

Las etiquetas

«Eres un desastre», «Pareces una loca», «Qué torpe eres», «El sabelotodo», «Vaya quejica», «Es un inútil»... Cuando juzgamos o catalogamos de esta manera tan despectiva a la pareja, le damos un mensaje que daña su autoestima. Hay que fijarse en la conducta general y no en un hecho concreto. Por lo tanto, el efecto que provoca en el otro al etiquetarle de este modo es de rechazo en vez de acercamiento. Fíjate en estos ejemplos y en cómo mejorar el mensaje:

MENSAJE INCORRECTO	MENSAJE CORRECTO
«Eres un desastre».	«Noto que hoy te has dejado la habitación un poco desordenada».
«Pareces una loca».	«Me gustaría entender mejor tu perspectiva».
«Qué torpe eres».	«¿Cómo puedo ayudarte a manejar esta situación de manera más efectiva?».
«Vaya quejica».	«¿Qué puedo hacer para apoyarte en este momento?».

La visión catastrófica

Como seres humanos, solemos anticiparnos y ponernos habitualmente en lo peor. Por supuesto tiene mucho que ver el estado de ánimo y la personalidad, sin embargo, imaginar que la persona que amamos nos va a abandonar, que ha tenido una aventura o que le pueden pasar cosas terribles suelen ser algunos de los pensamientos catastrofistas que vuelan por la cabeza en cuanto algo no va bien en la relación o un día llega tarde a casa y no nos ha llamado para avisar.

En primer lugar, hemos de ser conscientes y distinguir entre los que son catastrofistas y los que no lo son. En ocasiones, tan solo escribir estas creencias nos hará ser más objetivos con este tipo de pensamientos. También es aconsejable reflexionar sobre ellos para saber identificarlos y poder así evitarlos. En segundo lugar, deben existir argumentos para que este pensamiento sea cierto. Por otra parte, no puede haber ninguna vacilación que ponga en duda tal argumento y hay que ver si hay alternativas u otras posibles interpretaciones y la utilidad del pensamiento para una posible solución.

Maximización y minimización

Tendemos a evaluar los acontecimientos y los problemas, magnificando o sobreestimando los negativos y minimizando o minusvalorando los positivos: «Es un exagerado», «No le da importancia a las cosas»... Esta clase de pensamiento hace que nos fijemos solo en las cosas malas sin que nos demos cuenta. Si empezamos a tomar conciencia de ello, podemos poner en pausa esas ideas y ver las cosas buenas que ocurren en la relación. Reconocerlas en voz alta, escribirlas o pedir ayuda a otra persona para ser conscientes de ellas puede hacer que tu mente se aclare.

La generalización

Si lanzamos una moneda al aire y sale diez veces cara, no significa que la próxima vez vaya a salir cara también. Nos anticipamos para no tener que pasar por experiencias vividas, pero cada situación y persona es única. Que nos haya sucedido ya no quiere decir que nos tenga que volver a pasar.

Si tu pareja está fuera y no te escribe en un par de semanas, no significa que ha conocido a otra persona porque eso te sucedió antes. Pensar así solo te causará un malestar constante.

La falacia de justicia

Todo lo que no coincide con lo que deseamos, con nuestra forma de ver las cosas, lo consideramos injusto: «Con lo que yo hago por él, no es justo que no haga esto por mí»... Para identificar esta distorsión cognitiva hay unas palabras clave:

> «Es injusto», «Si de verdad... entonces...»,
> «No hay derecho»...

La mejor manera de resistirse a este filtro mental es preguntarnos si lo justo es, precisamente, lo que queremos sin escuchar la opinión de otra persona.

Tras ver algunas de las distorsiones cognitivas, te dejo un diario de pensamientos para que tu pareja y tú lo completéis —eso sí, cada uno por separado—, así podréis ir mejorando y adquiriendo unos pensamientos más acordes con la realidad. Te pongo un primer ejemplo. Continuad vosotros anotando cada día algo que os haya sucedido.

	SITUACIÓN	PENSAMIENTO AUTOMÁTICO	PENSAMIENTO ALTERNATIVO	CONDUCTA
Día 1	Estoy en el sofá y mi pareja no me habla.	Seguro que se ha enfadado conmigo por lo que le he dicho antes.	Tal vez ha tenido un día malo, no puedo leerle la mente. Voy a preguntarle para saber qué sucede.	Me ha dicho que hoy ha discutido con su madre y por eso está así.

Tomad nota de vuestras distorsiones cognitivas. Al día siguiente reuníos en un lugar tranquilo y comentad cordialmente las impresiones. Con respeto. Sin hacer juicios. Uno habla y el otro escucha hasta que este termine.

EL PODER DEL LENGUAJE NO VERBAL

La comunicación no verbal es ese código misterioso que influye en las relaciones y, a menudo, revela más de lo que las propias palabras pueden contar. Laura y Carlos se encuentran en el salón de su hogar disfrutando de una serie por la tarde. Aunque aparentemente están tranquilos, algo parece que no va bien.

Carlos, con una taza de café entre las manos, le lanza a Laura una sonrisa muy cálida. Sus ojos brillan con complicidad y afecto. Ella, a pesar de responderle también con una sonrisa, frunce levemente el ceño, revelando una preocupación que aún no ha exteriorizado con palabras. En ese momento la expresión de Carlos se vuelve más seria. Se inclina ligeramente hacia delante buscando una conexión más profunda. Necesita saber qué pasa. Laura aparta la mirada, apoya la taza en la mesa y se recuesta en el sofá. Cruza los brazos, creando una barrera invisible. La tensión se nota. Carlos, sin articular palabra, extiende la mano hacia su chica en busca de contacto físico, tratando de romper esa barrera; sin embargo, Laura se mantiene distante. Sus ojos se centran en la televisión, evitando el contacto visual directo con él. Las manos de Carlos expresan la ansiedad que cada vez va a más. No entiende nada de lo que está pasando. En un intento por suavizar la tensión, ajusta su postura. Se inclina hacia atrás, tratando de proyectar calma. Sus manos sujetan las de Laura, como buscando una conexión que pueda restaurar la armonía, pero ella se mantiene quieta, como si fuera una estatua.

Carlos y Laura, como tantas parejas, estaban intentando descifrar las señales que le enviaba el otro sin necesidad de hablar, y aquí surgió el problema: lo que él interpretaba distaba mucho de la realidad. Laura no lo miraba ni le prestaba atención porque a su mente le vino un recuerdo donde Carlos le había hablado mal por la mañana y no entendía por qué ahora estaba tan cariñoso. Carlos, sin embargo, estaba preocupado porque pensaba que algo le había ocurrido en el trabajo y por eso estaba tan arisca.

En el lenguaje del amor, la parte no verbal es una de las más importantes. Una mirada, una expresión facial, un sonido o una postura del cuerpo transmiten mucho más que mil palabras. Entiendo que en ocasiones es un puzle complicado, pero un simple gesto de cariño nos puede calar y una mirada evasiva o despectiva puede abrir una grieta en la relación.

Cada mirada o gesto son una oportunidad para aprender a comunicarte de manera efectiva.

Es importante que analicemos la comunicación no verbal. Tal vez estemos hiriendo a la otra persona sin saberlo. Vamos a ver y definir alguna de las formas de este tipo de lenguaje:

Expresión facial

Son capaces de transmitir una amplia gama de emociones, desde el amor y la felicidad hasta la tristeza, la frustración, el miedo o la ira. Prestar atención a estas señales nos proporciona información valiosa sobre los sentimientos, el estado de ánimo o las intenciones de la persona que amamos. En este aspecto me gusta resaltar que tenemos que hacer un gran esfuerzo en modular las expresiones, con ellas podemos hacer que la conversación sea más fluida e interaccionar mejor.

Siempre les hablo a mis pacientes de las distintas clases de gestos. Aquí tienes algunos ejemplos, tanto positivos como negativos, de cada tipo según el contexto en una relación de pareja.

Gestos funcionales

Son aquellos que fortalecen la comunicación y el vínculo afectivo entre los miembros de la pareja. Estos pueden manifestarse de diversas formas, desde simples muestras de afecto físico hasta expresiones de apoyo emocional.

- ✓ Escucha activa. Implica prestar atención genuina, hacer contacto visual y validar los sentimientos del otro. Un gesto funcional sería sostener la mano de tu pareja mientras comparte sus preocupaciones contigo, demostrando así empatía y apoyo emocional.
- ✓ Apoyo físico. Ofrecer apoyo reconfortante, como abrazos cálidos o caricias suaves en momentos de dificultad o tristeza. Estos gestos transmiten seguridad y amor, fortaleciendo el vínculo emocional entre la pareja.
- ✓ Expresión de gratitud. Reconocer y apreciar los esfuerzos y gestos amorosos es fundamental para fortalecer la relación. Sería expresar gratitud con palabras sinceras y gestos de afecto, como un beso en la mejilla o preparar una cena especial como muestra de agradecimiento.

Gestos disfuncionales

En contraste, estos son aquellos que obstaculizan la comunicación y generan tensiones en la relación.

- ✓ Desprecio. Manifestado a través de gestos como el tono de voz sarcástico, la mirada o el gesto de rodar los ojos, socava la autoestima y la confianza en la relación.

- ✔ Evitación. Cuando uno de los miembros de la pareja evita la comunicación o la confrontación de problemas mediante gestos de evasión, como mirar hacia otro lado o negarse a hablar, se obstaculiza la resolución de conflictos y se fomenta la incomunicación.
- ✔ Violencia física o verbal. Golpear, empujar o gritar tienen consecuencias devastadoras en una relación.
- ✔ Es importante reconocer que los gestos no siempre son conscientes; a menudo revelan emociones y actitudes que subyacen en el inconsciente de las personas. Por lo tanto, es fundamental cultivar la conciencia emocional y la capacidad de expresar los sentimientos de manera asertiva y respetuosa.

En resumen, los gestos desempeñan un papel crucial en las relaciones de pareja, ya que constituyen una forma primordial de comunicación no verbal. Al reconocer y valorar la importancia de los gestos funcionales, y al mismo tiempo trabajar en la reducción de los gestos disfuncionales, podemos fortalecer la conexión emocional y construir relaciones amorosas más satisfactorias y enriquecedoras.

Contacto visual

Esencial para establecer una conexión emocional y una escucha activa. Mirarse a los ojos durante una conversación fortalece el vínculo y demuestra interés. ¿Cuántas veces has estado hablando a tu pareja y ella estaba mirando el móvil? ¿Qué sentías en ese momento? Seguramente pensabas que estabas hablando con la pared o que no le importaba lo más mínimo lo que le decías. Todo esto crea muchísimo distanciamiento.

Postura corporal

¿Cuando discutes con tu pareja se pone tensa y levanta los brazos? ¿O tal vez baja los hombros y agacha la cabeza? La postura revela mucho sobre el estado emocional de una persona. Estar relajado y mantener el cuerpo abierto sugiere comodidad y confianza; una postura cerrada o tensa indica incomodidad o desacuerdo.

La postura habla de las emociones y de la seguridad. Debemos analizarla y cuidarla lo máximo posible.

Tono de voz

Los elementos no lingüísticos tienen que ver con la intensidad, el tono y el ritmo o la velocidad con la que emitimos el mensaje —también con otros indicadores como los silencios, el llanto, la risa, las pausas, los bostezos, etc.—. Estos influyen de manera significativa en la comunicación.

Me interesa mucho aquí el tono. Uno suave y afectuoso puede transmitir amor, mientras que uno agresivo o sarcástico puede causar tensión. No me vale cuando dicen: «Es que me puso nervioso y por eso le grité». Levantar la voz nunca será justificable en la relación. En terapia siempre les hago la misma pregunta:

—Cuando le hablaste, ¿a cuántos metros estabas?

Estoy segura de que ni mucho menos a veinte, que es cuando posiblemente tengamos que levantar el tono para que nos escuchen. Nunca debemos alzar la voz, solo hay una excepción: en caso de que haya peligro inminente y tengamos que avisar de esa circunstancia: ¡cuidado, no cruces! ¡Un coche!

Proximidad física

Esta puede indicar la intimidad emocional y el nivel de comodidad en una relación. No es lo mismo estar en un mismo sofá, abrazados y juntos bajo la manta, que cada uno sentado en uno distinto. Estar cerca facilita la comprensión y la interpretación de los mensajes. Podemos captar mejor las señales no verbales, como expresiones faciales o el lenguaje corporal. Además, también experimentar una mayor sensación de intimidad y empatía, lo que fortalece el vínculo.

Escucha activa

Asentir con la cabeza, sonreír y otras formas de respuesta no verbal muestran que estamos involucrados y receptivos. Hay que recordar que el lenguaje no verbal debe interpretarse en el contexto y tener en cuenta la personalidad única de cada uno de los miembros de la pareja. La comunicación efectiva implica estar atento tanto a las palabras como a las señales para comprender los sentimientos y las necesidades del otro. Es básico entender que no se puede no comunicar, porque ya en sí esto transmite un mensaje. Moverse o permanecer quieto, hablar o guardar silencio, sonreír o mostrarse indiferente, presentarse o retirarse en una situación, etc., todos constituyen comportamientos. Y todo comportamiento tiene un valor de comunicación.

Recapitulemos

- La felicidad no es ausencia de problemas. Las parejas funcionales no temen al conflicto, lo ven como una oportunidad de crecimiento.

- Hablar no siempre es sinónimo de comunicarse de forma efectiva, por lo que es muy importante cuidar estos aspectos:

  - La escucha de forma activa. Para favorecer la retroalimentación y fortalecer el vínculo entre ambos.

  - Cuestionar los pensamientos. Por si estamos teniendo distorsiones cognitivas (¿qué pruebas tenemos de que este pensamiento sea verdad?, ¿existen otras interpretaciones alternativas?).

  - No levantar el tono de voz y controlar los gestos a la hora de transmitir la información.

  - Ofrecer respeto y validación (incluso si estamos en desacuerdo).

9
MANTENER VIVA LA LLAMA

Al comienzo de una relación todo es pasional y el sexo surge sin ningún esfuerzo. Ya hemos hablado de la química del amor. Sin embargo, con el tiempo es normal y frecuente que los gustos cambien y la intimidad también lo haga. La convivencia, la rutina, la edad o la paternidad son factores que hacen que el interés por la sexualidad quede en un segundo plano.

Las parejas que me consultan sobre este tema me dicen que no saben cómo reconectar de nuevo en la cama. En este capítulo quiero que exploremos estos cambios para avivar o recuperar el deseo perdido.

CARIÑO, NO TENGO GANAS

El deseo sexual es ese cosquilleo en el estómago que nos hace acercarnos más a alguien de un modo especial, un impulso natural que nos lleva a buscar el placer y la conexión con otra persona de una forma íntima y emocionante, el combustible que enciende el motor de las relaciones sexuales y nos hace sentir vivos y conectados. Cada uno lo experimenta de una manera, y puede cambiar como el viento, pero hay algunas ideas que dan pistas sobre este misterioso mundo.

En primer lugar, entender que es totalmente subjetivo. Sí, así como cada persona tiene su sabor de helado favorito, también tiene sus propias preferencias sexuales. Lo que a ti te pone a mil puede no hacer ni cosquillas a tu pareja. ¿Por qué? Bueno, porque somos únicos. La biología, la personalidad, las experiencias pasadas y hasta las creencias culturales influyen en lo que nos excita. Además, no es estático; fluctúa a lo largo de los años y está influenciado por una variedad enorme de elementos. El estrés, la fatiga, los cambios hormonales, los problemas de salud y los conflictos de relación son algunas de las causas que más nos pueden afectar.

Recuerdo nítidamente cuando Sofía me abrió su corazón sobre sus preocupaciones con el sexo.

—Andrea, te juro que me pongo lencería *sexy*, me muevo provocativamente frente a él... y Hugo ni siquiera parpadea —me dijo—. Me siento tan ridícula. Una llega a su límite, siempre estoy intentando buscarle y él siempre parece estar cansado. ¡A veces incluso me hace pensar que está con otra persona! ¿Cómo es posible que pasen seis meses sin tener relaciones? ¿Acaso no le atraigo?

Cuando uno de los miembros de la pareja pierde el interés por la actividad sexual, desencadena en el otro una serie de preguntas por las excusas y esta falta de deseo. En el caso de Sofía, se cuestionaba su atractivo, su habilidad para satisfacer a su marido y su valía como esposa. Estos sentimientos afectaban a su autoestima y el matrimonio comenzaba a deteriorarse. Decidí hablar con Hugo al respecto. Admitió estar presionado por no poder complacer las necesidades de Sofía. A pesar de los intentos que hacía para informarle sobre su carga laboral y el estrés que venía padeciendo, se sentía cada vez más incomprendido y ella cada vez más frustrada.

En una situación así, lo fundamental es hablar abiertamente. Si uno sufre mucho estrés, es conveniente que el otro lo comprenda y no le esté constantemente violentando sobre el asunto. Se pueden buscar formas alternativas de estar cerca: darse más abrazos, más masajes o tan solo pasar tiempo juntos sin la expectativa de llegar a tener relaciones sexuales. Es cuestión de apoyarse mutuamente y encontrar maneras de mantener la conexión sin poner demasiada presión en el aspecto íntimo.

Es importante que ambos os sintáis cómodos y respetados.

El sexo para muchos se reduce a la simple idea de la penetración, de «meterla», pero esta definición es limitada y nos priva de comprender su verdadero significado. El sexo es más que eso. Es hora de redefinirlo para que podamos enriquecer todas las facetas de nuestra intimidad.

- ✓ Es sinónimo de intimidad emocional. ¿Qué emociones hemos experimentado hoy? ¿Nos sentimos felices, tristes, ansiosos o con miedo?
- ✓ Involucra un contacto físico profundo. ¿Podemos experimentar placer tan solo cuando nos tocan, disfrutando del roce de los dedos sobre la piel?

Un paciente me reconoció una vez que si besaba a su mujer más de dos minutos seguidos, automáticamente esta pensaba que quería llevarla a la cama. En ocasiones solo se acercaba porque deseaba estar junto a ella y mostrarle cariño, pero rápidamente le apartaba.

—Para ya, no empieces —le decía.

Esto le generaba rabia porque en ciertos momentos se sentía despreciado. A ella le daba pereza hasta pronunciar la palabra «sexo». Según su mujer, había cosas más importantes: cuidar de los hijos, hacer las tareas de la casa, las extraescolares de los chicos, el trabajo, ir a la compra, etc. Lo último que le apetecía era ponerse a hablar de sexo o de tener relaciones.

Como pareja, es fundamental mantener este pilar cuidado. Entiendo que el cansancio y el estrés diario hacen que se pierda el deseo sexual, el cuerpo está dormido, ya no hay manera de excitarse, y por eso es necesario enseñarle a despertarse de nuevo.

El placereado: la magia de volver a sentir

El placereado es una técnica que utilizamos los psicólogos para aumentar la libido. Es un juego de dar y recibir placer que fortalece el vínculo e incrementa la diversión en la relación. ¿Cómo se hace? Uno de los miembros de la pareja se recuesta boca abajo, desnudo y con los ojos cerrados, listo para dejarse llevar por la sensación de las caricias. Mientras tanto el otro también se desnuda y comienza un suave recorrido desde la cabeza hasta los pies, evitando las zonas comúnmente estimuladas. Cada caricia debe estar cargada de intenciones profundas: calma, amor, pasión o ternura. Puedes decir cosas como:

«Más suave», «Más fuerte»,
«Cosquillas», «Más ligero»,
«Un masaje», «No… eso no»…

Una vez que las caricias han alcanzado los pies, la persona que está tumbada se da la vuelta, ofreciendo su cuerpo de nuevo para ser acariciado. El proceso comienza otra vez con el mismo cuidado y atención, evitando los senos y los genitales.

Después de completar el recorrido por el cuerpo, quien está tumbado se incorpora y ambos dedican unos minutos a charlar sobre sus impresiones. Es importante hablar de las sensaciones, de la calidad de las caricias y de cualquier otra experiencia que se quiera compartir. Este momento de reflexión y comunicación refuerza la conexión emocional y la intimidad.

El programa de ejercicio debe llevarse a cabo dos veces por semana durante un periodo de cuatro semanas. En la primera semana se evitará el contacto con las zonas comúnmente estimuladas. En la segunda se permite el contacto con las zonas erógenas y genitales sin actividad masturbatoria. La tercera implica la estimulación de las zonas erógenas y genitales con actividad masturbatoria, pero sin coito. Finalmente, en la cuarta semana, se pueden incluir todas las zonas erógenas y proceder al coito.

El fin de la técnica es experimentar placer solo mediante el tacto en la piel, desgenitalizar las relaciones, aprender a dar cariño y gusto sin pedir nada a cambio, desarrollar el erotismo y crear un vínculo de confidencialidad y seguridad con la pareja.

HABLEMOS JUNTOS DE SEXO: ME PONE, NO ME PONE

Hay muchas parejas que jamás tratan el tema del sexo. No dicen cómo les gusta que les toquen o qué cosas les generan placer. Cada uno acepta unos roles preasignados para satisfacer a su compañero de cama. Antes de seguir tratando esta cuestión, me gustaría que reflexionaras acerca de ello con las preguntas que te planteo a continuación:

- ¿Dónde adquiriste los conocimientos sobre el sexo mientras crecías?
- ¿Qué tipo de mensaje recibiste de tu familia o de los amigos?

- Y si nadie te comentó nada, ¿qué piensas ahora de ello?
- ¿Qué obtienes del sexo? (Por ejemplo, conexión, liberación, diversión, seguridad y cercanía, etc.).
- ¿Qué es lo que más te gusta o excita? ¿Y lo que menos?
- ¿Qué estás dispuesto a hacer por tu pareja?
- ¿Qué te gustaría que ella hiciera más? ¿Y qué menos?
- ¿Cómo te gusta que tu pareja te busque para tener relaciones? ¿No te gusta que te busque? Descríbelo con detalle.
- Si no hubiera barreras o factores estresantes, ¿cuál sería tu situación u hora del día ideal para tener relaciones?

Compartir estas respuestas con la persona que amas es indispensable para mejorar la calidad de vuestros momentos íntimos.

Aitana y Salva llevan saliendo ocho meses y están locamente enamorados. Su conexión emocional es innegable, pero hay una cosa que les preocupa demasiado a los dos: su vida sexual. Ninguno se atreve a comentar nada por miedo a herir los sentimientos del otro. Una noche sin más, en la cena, ella dice:

—Salva, necesito hablar contigo. Sé que puede ser un poco incómodo, pero es importante para mí. Creo que algo está fallando en el sexo, y si pudiéramos charlar de ello, estoy convencida de que nos iría aún muchísimo mejor.

Al principio Salva se queda parado y bastante sorprendido, porque no se lo espera, pero luego sonríe:

—Qué alivio, Aitana, pensaba que eran cosas mías, me daba mucho apuro decírtelo porque no quería hacerte daño.

Aitana y Salva me reconocieron después en terapia que a partir de esa conversación comenzaron a tratar abierta y honestamente sobre sus gustos y deseos sexuales. Fue un gran paso para estimular su pasión en la cama.

Si nos centramos en la otra persona y en su placer, ¡no sabemos nada de sexo! Tenemos que conocernos mejor que nadie para disfrutar al máximo nivel. Por ello, aprendamos a tocarnos, encontremos nuestras zonas erógenas y consigamos darnos placer antes que a los demás. Será entonces cuando realmente disfrutemos de él.

El deseo y la excitación provienen de que podamos disfrutar de lo que significa tener una liberación hormonal y química: un orgasmo.

¿Quedamos a las nueve?

Sabemos que nada se hace si no establecemos un tiempo, un plan o una intención. Todos vivimos en piloto automático, estresados y ocupados, sin embargo, la pareja tiene que ocupar un lugar primordial en nuestra agenda. Cuando hablo con ellas en las sesiones, se quedan en *shock* al decirles que programen sus momentos de sexo e intimidad. Pero ¡hay que hacerlo! La idea aquí no es volverse robóticos sobre cuándo y cómo.

Debéis establecer un día en que ambos estéis de acuerdo. Haz lo mismo que hacías cuando comenzasteis a salir. Seguramente te ducharías, irías con tu mejor perfume, conjunto o ropa interior. No olvides que este momento no será para echar en cara cosas que no habéis hecho del hogar ni las tareas pendientes. No, no. Vais a crear un clima único, sensual y romántico. Nada debe entorpecer ese instante de reconectar con tu pareja. Como he dicho, hablar abiertamente sobre las fantasías y deseos es fundamental. Experimentar con juegos previos, juguetes sexuales o nuevas posiciones os puede sacar de ese estancamiento para explorar formas distintas de conexión.

Pero tener una cita puede que no apetezca tanto por una simple razón: la pareja ya no nos atrae físicamente. ¡Qué mal se pasa! De repente esa atracción que al principio nos excitaba parece haberse extinguido. Es una situación muy delicada y desafiante que afecta profundamente a la relación.

Mar y Miguel llevan juntos varios años compartiendo risas, lágrimas y recuerdos memorables. Sin embargo, algo ha cambiado. Mar empieza a notar que ya no siente la misma atracción física hacia Miguel que antes. Sus encuentros íntimos se vuelven menos frecuentes y, cuando suceden, lucha por encontrar la pasión que una vez sintió.

Después de mucho deliberar, decide abordar el tema con él. Una noche, mientras están viendo la televisión, toma una respiración profunda y comparte sus sentimientos:

—Cariño, he notado que últimamente ya no me siento tan atraída por ti como solía hacerlo. Y me preocupa que eso esté afectando a nuestra relación porque me cuesta mucho excitarme.

Miguel no puede creer lo que está escuchando.

—¿Qué pasa, que por coger diez kilos ahora ya no te gusto? Me parece muy fuerte lo que me estás contando.

Se levanta y se va enfadado al dormitorio. Unos minutos después, ya más tranquilo, reflexiona sobre lo que acaba de suceder. Se da cuenta de que ha descuidado su salud y su apariencia, sumergiéndose en el estrés del trabajo y desatendiendo su físico. Comprende que esto ha contribuido al distanciamiento de Mar y está decidido a hacer cambios.

Ellos se animaron a tomar medidas para revitalizar su relación. Empezaron a hacer ejercicio juntos, planearon citas románticas y buscaron nuevas formas de conectar tanto física como emocionalmente.

Es esencial entender que la atracción es un fenómeno complejo que va más allá de la mera apariencia externa. Como psicóloga, he estudiado los diversos factores que influyen en la atracción entre individuos, y puedo afirmar que la belleza exterior es solo uno de los muchos componentes que intervienen en este proceso.

Uno de los factores más importantes que contribuyen a la atracción es la familiaridad. Las personas tienden a sentirse atraídas por aquellos individuos con quienes comparten similitudes, ya sea en términos de intereses, valores o antecedentes culturales. Esta familiaridad puede generar una sensación de comodidad y conexión, lo que aumenta la atracción entre dos personas. Esto se debe a que la exposición repetida a una persona incrementa la sensación de cercanía emocional. En el caso de Miguel, apenas aparecía por casa por el tema laboral.

La proximidad física juega un papel significativo en la atracción.

Otro factor psicológico clave que impacta en la atracción física dentro de una relación es la reciprocidad. Es decir, cuando los dos miembros de la pareja muestran interés genuino el uno por el otro y responden positivamente a los gestos y avances de su compañero. La percepción de que alguien está realmente interesado en nosotros genera un ciclo de reforzamiento mutuo en la conexión emocional y física entre ambos.

Por último, la personalidad es igualmente decisiva. Las personas suelen sentirse atraídas por aquellos que poseen rasgos que complementan los suyos propios. Por ejemplo, alguien extrovertido puede sentirse atraído por alguien con energía y espontaneidad, mientras que alguien más introvertido puede preferir la compañía de una persona tranquila y reflexiva.

En resumen, la atracción física es un fenómeno multidimensional que está influenciado por una variedad de factores psicológicos. Si bien la belleza exterior puede ser un aspecto inicialmente llamativo, la familiaridad, la proximidad, la reciprocidad y la compatibilidad de personalidades también son cruciales en la formación y el desarrollo de relaciones románticas.

Si te encuentras en una circunstancia similar, aborda el problema de frente y comunícate con tu pareja con honestidad y empatía. Te animo a que reflexiones sobre lo que podría estar contribuyendo a este cambio entre vosotros. ¿Existen situaciones externas que estén afectando a la relación? ¿Habéis descuidado el bienestar personal o vuestro cuerpo? Para abordar esto de manera efectiva y encontrar soluciones adecuadas hay que identificar antes que nada las causas subyacentes. Un profesional os puede ayudar a mejorar el deseo sexual y la atracción física a través de terapia, proporcionándoos educación sexual, fomentando la exploración individual y de pareja; os puede enseñar prácticas de conexión emocional y facilitar la exploración de fantasías y deseos sexuales de manera segura y consensuada, promoviendo una comunicación abierta y honesta para fortalecer el vínculo y mejorar vuestra vida sexual.

Recapitulemos

- La intimidad es un componente crucial en las relaciones de pareja. Aunque al principio el sexo surge de manera natural, con el tiempo mantener esa pasión puede volverse más desafiante.
- La falta de sexo impacta de forma negativa en la satisfacción general de la pareja.
- El deseo sexual es subjetivo y, además, fluctuante por factores como el estrés, la salud, la edad y los cambios hormonales.
- El sexo va más allá de la penetración. Es importante explorar y comunicar las preferencias y deseos sexuales con la pareja para enriquecer la intimidad.
- Establecer un día específico ayuda a mantener viva la conexión sexual en la relación. Es necesario crear un ambiente romántico y sensual para reconectar con la pareja, dejando de lado las preocupaciones y las distracciones externas.
- La atracción física se ve afectada por el estrés, la rutina y el descuido personal. Hay que abordar estos problemas de manera proactiva, comunicarse con empatía y buscar formas de revitalizar el vínculo físico y emocional.

10
La inteligencia emocional

¿Te has preguntado por qué hay parejas que parecen tener una conexión tan profunda y otras se enredan en un ciclo interminable de malentendidos y peleas? Bueno, la respuesta podría estar en cómo manejamos las propias emociones y las de la persona con la que compartimos la vida.

Oliver expresa sentirse frustrado porque Julie no ha cumplido con las tareas de casa que habían acordado. En lugar de comunicar sus sentimientos de manera asertiva, estalla y da un golpe agresivo en la mesa diciéndole que es una descuidada y egoísta. Ella, en vez de abordar la queja con empatía y comprensión, se siente herida y responde con sarcasmo, ignorándolo por completo. Le hace la ley del hielo durante cuatro días.

Recuerdo el día en el que Oliver y Julie entraron en consulta. Al poco de empezar a conversar observé que los dos carecían de habilidades para reconocer y regular sus emociones, así como para entender y responder adecuadamente a las del otro. Esta falta de disposición contribuía a la escalada de conflictos y, en lugar de resolverlos, cada vez el distanciamiento entre ellos era mayor.

La inteligencia emocional es el ingrediente secreto que puede hacer que la relación pase de ser buena a ser excepcional. Vamos a ver exactamente a qué nos estamos refiriendo, por qué es vital en una relación amorosa y lo más emocionante de todo: cómo puedes cultivarla tú mismo y hacerlo también junto a tu pareja.

Sentimientos propios y ajenos

La inteligencia emocional, un concepto acuñado por el psicólogo estadounidense Daniel Goleman en la década de 1990, ha ganado un lugar destacado en el ámbito de la psicología y las relaciones humanas. Se refiere a la habilidad de reconocer, entender y gestionar las propias emociones así como las de los demás. En el contexto de la pareja, desempeña un papel fundamental en la construcción de vínculos saludables y satisfactorios.

Implica una serie de aptitudes interrelacionadas. En primer lugar, la capacidad de autoconciencia, es decir, de percibir y comprender las emociones individuales, sus causas y consecuencias. En segundo lugar, la de autorregulación. Esto significa controlar las emociones y reacciones impulsivas y poder manejar el estrés y la ansiedad de una manera sana. Además, también supone empatía, o lo que es lo mismo, entender y resonar con las emociones de la otra persona. Esto nos permite mostrar comprensión y apoyo genuino, fortaleciendo de esta forma la conexión entre ambos.

Las parejas que poseen un alto nivel de inteligencia emocional tienden a experimentar mayor satisfacción y también mayor estabilidad a lo largo del tiempo. Esto se debe en parte a que son capaces de comunicarse de un modo efectivo, de resolver conflictos de manera constructiva y de ayudarse mutuamente en momentos de dificultad. En contraste, las parejas que carecen de este tipo de inteligencia se encuentran atrapadas en patrones de comunicación negativos, como la crítica, la evasión o el desprecio. Estos patrones socavan la confianza y el respeto recíproco, debilitando así el vínculo entre ambos.

Cultivar la inteligencia emocional en una relación requiere de práctica y compromiso por parte de la pareja, porque si no, la convivencia podría ser como un campo de minas. Con cada pequeño paso que demos que al otro no le guste, habrá una explosión de ira, frustración o resentimiento, y acabaremos al borde del colapso debido a la falta de control de las emociones.

La autoconciencia. El radar emocional

Imagina que tienes un radar como el que llevan los aviones, pero en vez de detectar otros aparatos reconoce tus emociones. Este te ayuda a descubrir lo que está sucediendo dentro de ti en cada momento.

Cuando estamos en una situación emocionante, como cuando recibimos un cumplido o nos enfrentamos a un desafío, el radar emocional nos indica que estamos experimentando felicidad, orgullo o tal vez un poco de nerviosismo. Del mismo modo, cuando nos sentimos tristes, enfadados o estresados, el radar nos señala justo esas emociones. Pero no solo las detecta, también nos ayuda a entenderlas. Nos da pistas sobre por qué nos sentimos de cierta manera. Por ejemplo, si estamos ansiosos antes de una presentación importante, el radar podría decirnos que estamos preocupados por cometer errores o por lo que otros pensarán de nosotros.

Al prestar atención a las indicaciones de este radar, comprendemos mejor las propias reacciones y tomamos decisiones más conscientes. Es como tener un guía interno que nos ayuda a navegar por el laberinto de las emociones y nos lleva hacia una mayor comprensión de nosotros mismos.

¿Y cómo puedes tú mejorar la autoconciencia? Tómate unos minutos cada día para sentarte en un lugar tranquilo, lejos del ruido y las distracciones. Cierra los ojos, respira profundamente y revisa cómo te sientes en ese instante. ¿Qué emociones están presentes? ¿Qué pensamientos están pasando por tu mente? No hay respuestas correctas o incorrectas, tan solo observa lo que surja.

Consigue una libreta o utiliza una aplicación en tu teléfono para llevar un diario de emociones. Todos los días, dedica un tiempo a escribir sobre tus experiencias emocionales. ¿Qué te hizo sentir feliz, triste, enfadado o preocupado durante la jornada? Al hacer esto, te vuelves más consciente de tus patrones emocionales y de cómo ciertas circunstancias te afectan.

Por otro lado, la próxima vez que tengas una conversación con alguien, practica la escucha activa. En lugar de centrarte solo en lo que estás diciendo tú o en lo que quieres decir a continuación, pon toda tu atención en la otra persona. Observa sus expresiones faciales, su tono de voz y sus gestos. Esto te ayudará a desarrollar una mayor sensibilidad hacia las emociones de los demás y, a su vez, a estar más pendiente de tus propias emociones en situaciones sociales.

Habla con amigos cercanos o seres queridos y pídeles su opinión sobre cómo te perciben en diferentes momentos. A veces los demás tienen una perspectiva diferente a la nuestra que puede ser reveladora. Escucha sus comentarios con la mente abierta y sin defensas, y reflexiona sobre cómo utilizar esa información para mejorar tu autoconciencia.

No olvides que se trata de un proceso gradual, no vas a ser un experto en inteligencia emocional de un día para otro, por lo que sé amable contigo y disfruta del viaje de autodescubrimiento.

La autorregulación. Buscando rutas más tranquilas

Para Helena y Andrés cada discusión parece una batalla donde ninguno de los dos cede terreno. Helena es muy expresiva, tiende a explotar durante los conflictos, mientras que Andrés, más reservado y analítico, se retira emocionalmente de ellos, incapaz de conectar con sus propios sentimientos.

Cada vez que ella quiere hablar de algo, Andrés se bloquea, y si le pregunta qué le pasa, nunca sabe qué responder. Helena está harta de esta situación y él también.

La pareja llegó a terapia con una dinámica complicada. La primera sesión fue muy tensa, con ella lanzando acusaciones y Andrés cerrándose aún más en banda. En la siguiente cita hablamos de estrategias de regulación porque las cosas no podían seguir así. Cuando surgió un desacuerdo sobre los planes del fin de semana, Helena pareció estar al borde de una explosión emocional, una reacción que ya vi antes, pero esta vez algo cambió. En lugar de dejarse llevar por la ira, cogió algunas respiraciones profundas y utilizó una técnica de distracción: se puso a contar todos los puntos que tenía el papel de la pared. Observé entonces cómo la tensión de su cuerpo empezaba a disminuir.

Mientras tanto, Andrés, quien solía cerrarse en momentos como este, se tomó un instante para reflexionar sobre lo que en realidad sentía internamente. Reconoció que estaba herido por las críticas de Helena y que eso le generaba miedo e inseguridad. Con valentía, compartió lo que sentía con ella, abriendo la puerta a una conversación más profunda.

Poco a poco noté cómo ambos comenzaban a tejer un nuevo patrón de interacción. Elena aprendió a reconocer sus propias señales de alerta y a tomar medidas para calmarlas, mientras que Andrés se abrió lentamente a compartir sus sentimientos más recónditos, construyendo un puente emocional entre ellos. Al terminar ese día, los vi salir con un brillo de esperanza en los ojos. Habían experimentado que era posible, cuando se comprometían, trabajar juntos, no solo en resolver sus diferencias, también en cultivar una conexión emocional más profunda. En las semanas siguientes continuaron practicando estas habilidades, enfrentando desafíos unidos y aprendiendo a confiar el uno en el otro.

Cuando nos autorregulamos, somos capaces de reconocer las emociones, entendemos por qué las sentimos y elegimos luego cómo responder a ellas de una manera constructiva. Esto significa que no nos dejamos arrastrar fácilmente por la ira, el miedo, la tristeza o cualquier otra emoción intensa, sino que hallamos rutas alternativas para mantener la calma y tener comportamientos más funcionales.

¿Y cómo mejorar la autorregulación emocional? Hay muchas técnicas, te explico algunas de las que a mí más me gustan para que las puedas aplicar en cualquier momento. Son herramientas excelentes y muy eficaces para calmar la mente y el cuerpo en situaciones estresantes.

Técnica de la respiración profunda

Si eres capaz de controlar la respiración, puedes controlar también la actividad del organismo. Esta sencilla técnica se usa habitualmente en el yoga por sus grandes beneficios, ya que tanto la presión arterial como la frecuencia cardiaca disminuyen y los músculos se relajan. Al respirar lentamente nos calmamos y regulamos la ansiedad. Los pasos son muy simples.

1. Siéntate con la espalda recta o recuéstate en una posición relajada. Cierra los ojos si te sientes más cómodo.
2. Comienza inhalando despacio por la nariz y cuenta mentalmente hasta cuatro. Imagina que estás llenando tu vientre de aire como si fuera un globo inflándose.
3. Una vez que hayas aspirado por completo, mantén el aire en los pulmones mientras cuentas hasta cuatro. No fuerces demasiado, tan solo retén el aire de manera cómoda.
4. Expulsa despacio por la boca y cuentas hasta cuatro. Imagina que estás liberando todo el aire de los pulmones, dejando salir cualquier tensión o preocupación.
5. Después de exhalar, permítete unos segundos de descanso antes de comenzar el ciclo de nuevo. No te apresures, tómate tu tiempo para relajarte por completo.
6. Continúa con este ciclo de respiración profunda unos minutos o hasta que estés más calmado y relajado. Puedes repetirlo tantas veces como sea necesario para sentirte mejor.

Técnica del poder de la palabra

Se basa en la idea de que expresar los sentimientos con palabras puede ayudarte a entenderlos mejor y a gestionarlos de forma más efectiva.

El primer paso es reconocer y etiquetar tus emociones. Una vez las hayas identificado, es hora de expresarlas. Ésto puedes hacerlo también hablando con alguien de confianza —un amigo, un familiar o un terapeuta— o incluso escribiéndolas en un diario. La clave es convertir tus sentimientos en palabras de un modo honesto y auténtico.

> *Al hablar de las emociones tienes una nueva perspectiva sobre ellas.*

A veces, tan solo verbalizar lo que estás sintiendo te ayuda a ver la realidad desde un ángulo distinto y encuentras soluciones o formas de afrontar la situación.

Técnicas de distracción

Si apartas la atención de la emoción con estímulos externos, hará que esta pierda intensidad. Hay muchas maneras de distraerse, elige la que más te interese según el momento.

- ✓ Escuchar música es una forma poderosa de entretener la mente y cambiar el estado de ánimo. Crea una lista de reproducción con canciones que te hagan sentir bien.
- ✓ Ejercicio. Sal a correr, haz yoga, ve al gimnasio o da un paseo por el vecindario. La actividad física es una excelente manera de soltar tensiones y libera endorfinas, que son conocidas como las hormonas de la felicidad.
- ✓ *Hobbies*. Sumérgete en cosas que te apasionen, como pintar, dibujar, tejer o cualquier otra afición que te guste. La creatividad canaliza las emociones muy positivamente.

- ✓ Juegos mentales. Los crucigramas, sudokus, rompecabezas o juegos de mesa te pueden ayudar a enfocar la mente en una tarea divertida y desafiante, distrayéndote de tus emociones displacenteras.
- ✓ Socializar. Pasar tiempo con amigos y familiares es una excelente distracción. Organiza una salida con ellos, llama a un ser querido para charlar o participa en actividades sociales que te hagan sentir bien.
- ✓ Meditar. La meditación es una forma poderosa de reducir el estrés. Dedica unos minutos al día a esta práctica, enfocándote en la respiración o utilizando técnicas de visualización para alejarte de las preocupaciones.
- ✓ Conectar con la naturaleza. Dar un paseo por el parque, hacer senderismo o sentarte en el jardín te ayuda a estar más tranquilo y en paz, y te recarga de energía.

Cada persona es diferente. Experimenta con estas técnicas y descubre cuáles funcionan mejor para ti. Lo importante es encontrar formas saludables y positivas de distraerte cuando te sientas abrumado por tus emociones.

La empatía, un puente que conecta al otro

Supón que estás pasando una jornada muy difícil en el trabajo. Te encuentras agotado, frustrado y deseas llegar a casa para descansar y no hacer nada. Pero en cuanto abres la puerta, tu pareja te recibe con entusiasmo, empieza a contarte su día y quiere hacer planes para la noche. Le dices que no puedes más porque el cuerpo te pide descansar y se enfada porque deseaba salir. ¿Cómo te sentirías? Probablemente incomprendido, ¿verdad? Eso es porque no ha empatizado absolutamente nada contigo.

Cuando no podemos entender cómo se siente nuestra pareja, es difícil estar a su lado de la forma que necesita.

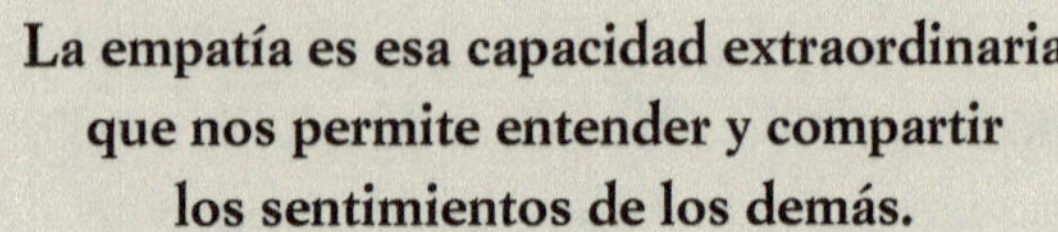

La empatía es esa capacidad extraordinaria que nos permite entender y compartir los sentimientos de los demás.

Este sentimiento de identificación es un puente que nos conecta con las experiencias internas de otra persona, permitiéndonos percibir y comprender cómo está, sin juzgarla ni criticarla. Es estar presentes de manera genuina para entender qué está sintiendo incluso cuando es diferente a lo que podríamos experimentar nosotros mismos. La empatía nos ayuda a crear lazos más profundos con la pareja, los amigos, la familia… y a cultivar relaciones más saludables y satisfactorias, así como a promover un mundo más compasivo y comprensivo. Para mí, si no existe empatía, no puede haber relación.

¿Cómo vamos a estar bien psicológica y emocionalmente si quien tenemos al lado y se supone que nos ama no se pone en nuestro lugar y no sabe lo que estamos sintiendo? Te dejo algunos ejemplos de frases que indican tener CERO empatía:

«No entiendo por qué estás tan triste, no es para tanto».
«Deja de llorar y actúa como un adulto».
«Si yo fuera tú, simplemente me levantaría y seguiría adelante».
«No puedo creer que estés preocupado por eso, deberías tener cosas más importantes en las que pensar».

«No puedo ayudarte ahora, tengo cosas más urgentes que hacer».
«Eso no es mi problema, así que no me molestes».
«No entiendo por qué estás tan emocionado, no tiene sentido».
«No puedo creer que te sientas así por algo tan trivial».
«No necesitas que te escuchen, solo necesitas resolverlo tú mismo».

No se trata solo de oír las palabras, se trata de escuchar realmente lo que se está diciendo.

Hay que mantener un contacto visual con quien nos está contando cómo se siente, asentir con la cabeza y hacerle preguntas para demostrar que estamos comprometidos con la conversación. Esto muestra que sus sentimientos son importantes para nosotros. Te pongo un caso de conversación empática:

PREGUNTA	VALIDA SUS SENTIMIENTOS	MIRA SU PERSPECTIVA	GESTIONA EL CONFLICTO, APORTANDO SOLUCIONES
¿Qué tal el día? Cuéntame más sobre lo que has estado haciendo.	¿Cómo te sientes hoy?	¿Qué es lo que te hizo estresarte tanto? Quiero entender por qué estás tan cansado.	Entiendo que estés agotado por lo que ha pasado en el trabajo, ¿podemos encontrar un equilibrio para hacer algo relajante juntos?

Si en una relación uno de los dos siempre está hablando y el otro en un mundo completamente diferente, sin sintonizar, es como si sus idiomas fueran distintos. Esto puede llevar a malentendidos, a peleas constantes e incluso a la ruptura. La falta de empatía también puede convertir la convivencia en una montaña rusa, donde uno nunca sabe si va a recibir apoyo o indiferencia. Por lo tanto, es vital alimentar la empatía. Es como regar una planta: requiere cuidado, atención y esfuerzo.

Para acabar el capítulo, te dejo un ejercicio muy potente. Se llama la rueda de las emociones. Es una herramienta útil para identificar, comprender y expresar los sentimientos de una manera más precisa. Lo puedes hacer solo para conocerte mejor o en pareja. En este caso, os ayudará a profundizar en vuestra inteligencia emocional y fortalecerá la conexión que tenéis.

El ejercicio consiste en dedicar unos minutos al final del día a expresar las emociones que habéis sentido —también podéis reflexionar en un momento concreto—. Como ves, en el centro están las seis básicas: ira, disgusto, tristeza, felicidad, sorpresa y miedo. Después podéis ir concretando aún más en el segundo nivel y tras este afinar aún más en el tercero.

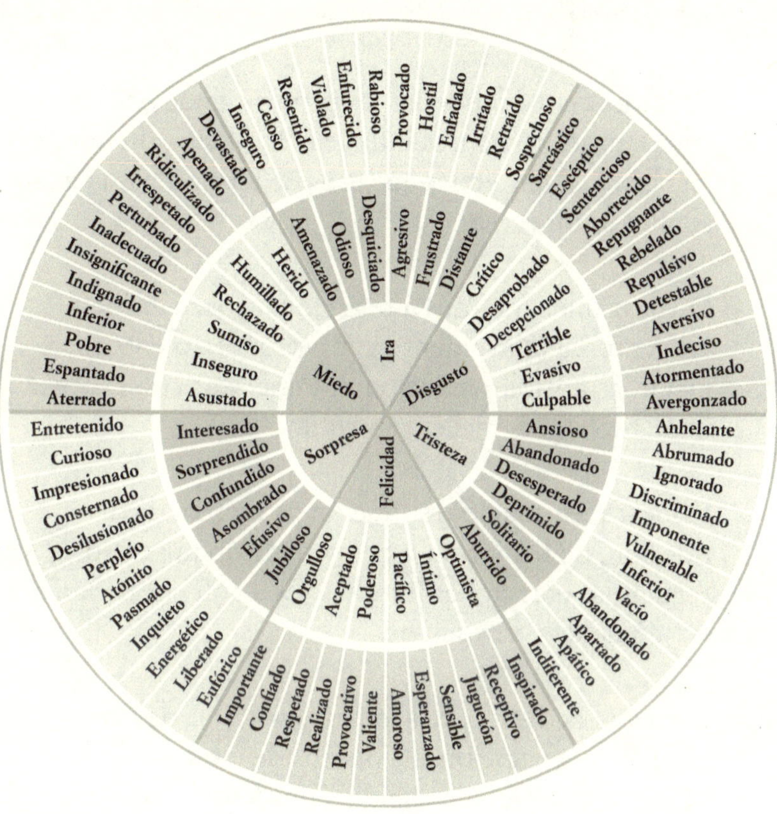

Por último, realizaréis una discusión abierta y respetuosa sobre cómo manejar estos sentimientos de forma constructiva, aportando soluciones a la relación. Poco a poco podréis ir mejorando vuestro lenguaje emocional.

Recapitulemos

- Es importante identificar las propias emociones y comprender cómo nos influyen. También aprender a manejar las reacciones en casos de tensión para evitar conflictos innecesarios.

- Dedicar unos minutos a reflexionar sobre los pensamientos ayuda a identificar patrones y a entender mejor las posibles reacciones. Para estos casos, llevar un diario emocional es muy útil.

- Utilizar técnicas de respiración profunda, de distracción, de relajación o de meditación nos ayuda a regular las emociones intensas y a mantener la calma en momentos estresantes.

- Escuchar activamente a la pareja y tratar de comprender sus emociones y puntos de vista es necesario para que la relación funcione, por lo que debemos expresar los propios sentimientos de manera honesta y respetuosa, mostrando empatía hacia sus preocupaciones.

- Hay que evitar la crítica y el desprecio. En su lugar, buscar el diálogo abierto para la resolución de problemas.

...> Mejorar la inteligencia emocional en la relación no solo fortalece el vínculo, también contribuye a una convivencia más armoniosa y satisfactoria.

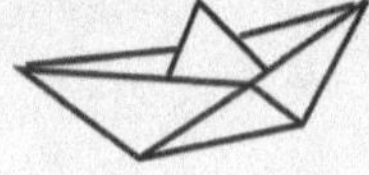

11
RECONOCIENDO CUÁNDO SOLTAR

A veces, aunque hayamos invertido tiempo y esfuerzo en una relación, la pareja no puede seguir adelante. Llegados a este punto, y por muy doloroso que resulte, tenemos que abrir los ojos y reconocer que hay que cortar. En ese momento se produce una encrucijada emocional. Pero antes de tomar la decisión definitiva, hay días amargos y muchas noches de preguntas, sobre si debemos continuar o si es hora de poner fin a lo que tanto amor habíamos puesto en principio. Reconocer estas señales puede ser abrumador y desafiante, sin embargo, es fundamental para el bienestar emocional a largo plazo.

Aitor busca maneras de mejorar la convivencia: planea citas románticas, expresa sus sentimientos abiertamente y está dispuesto a comprometerse para resolver los problemas. Sandra, por su parte, parece estar siempre distraída, rara vez se involucra con los planes de Aitor y a menudo evade las conversaciones serias sobre el futuro de ambos. Para él, esta asimetría de compromiso es una fuente de angustia, ya que lleva más de tres años en la misma situación. Aunque ha hecho todo lo posible por comunicarse de forma efectiva y respetar los sentimientos de Sandra, siente que está luchando solo. Cada día está más agotado emocionalmente, preguntándose si puede continuar así.

Aitor inició un ciclo de deterioro emocional que afectó a las dos partes. La sensación de desconexión cada ver fue mayor y el día a día era, en vez de un lugar de apoyo y amor, una fuente constante de estrés y ansiedad. En un momento dado, se dio cuenta de que proseguir juntos solo estaba causando sufrimiento, y a pesar de sus esfuerzos por tratar de dialogar y comprometerse, la realidad era que la relación no estaba funcionando. Le dolió aceptarlo, pero supo que había llegado la hora de dejar ir. Comprendió que romper no era un fracaso, sino un acto de amor propio y autoconservación. Al liberarse de una relación que lo hacía infeliz, estaba abriendo la puerta a nuevas oportunidades de crecimiento y felicidad. Aunque el proceso de separación podía ser doloroso, sabía que era el primer paso hacia una vida más auténtica y satisfactoria.

Conductas que delatan

Hay ciertos comportamientos o actitudes que alertan de que la relación no puede seguir como está, aunque no hayamos dejado de amar. Aquí te dejo esas señales y también preguntas de autorreflexión que pueden ayudarte a tomar esta decisión tan difícil.

Señal: comunicación deficiente o negativa

La comunicación se vuelve cada vez más difícil, hay malentendidos constantes o evitas hablar de temas importantes.

- ¿Me siento escuchado y comprendido?
- ¿Puedo expresar mis necesidades y preocupaciones de manera abierta y honesta?
- ¿Evitamos con frecuencia hablar de ciertos temas importantes o encontramos que las conversaciones suelen terminar en conflictos?

Señal: falta de apoyo emocional

No existe apoyo mutuo en momentos difíciles o hay una falta de empatía hacia tus emociones.

- ¿Siento que mi pareja está para mí cuando más la necesito?
- ¿Puedo confiar en ella para brindarme apoyo emocional?
- ¿Siento que estoy luchando solo en la relación?

Señal: hay desequilibrio en la relación

Existe una clara discrepancia en la inversión emocional, esfuerzo o compromiso entre tú y tu pareja.

- ¿Estamos comprometidos ambos en la relación de la misma manera?
- ¿Creo que doy más de lo que recibo?
- ¿Hemos hablado sobre estas diferencias e intentado resolverlas sin éxito?

Señal: no hay intimidad física o emocional

La intimidad física o emocional ha disminuido o desaparecido por completo.

- ¿Cómo es la conexión física y emocional en comparación con el pasado?
- Al abordar esta falta de intimidad, ¿hemos tenido éxito?
- ¿Es un problema persistente que no hemos logrado resolver?

Señal: no hay respeto y la confianza se ha erosionado

Se han saltado los pactos de compromiso repetidas veces o se ha perdido el respeto mutuo.

- ¿Confío en mi pareja?
- ¿Me siento respetado en la relación?
- ¿Hemos trabajado en reconstruir la confianza después de incidentes pasados, o siento que la relación se ha visto afectada irreparablemente?

Señal: hay sentimientos persistentes de infelicidad o insatisfacción

Te encuentras constantemente infeliz, frustrado o insatisfecho, a pesar de los esfuerzos para mejorar la relación.

- ¿Esta relación me hace feliz en general?
- ¿Me encuentro más a menudo triste, enojado o frustrado?
- ¿Hemos intentado hacer cambios significativos para mejorar la relación, y, aun así, persisten estos sentimientos negativos?

Señal: hay proyectos de vida divergentes

Tienes metas o valores fundamentales que son incompatibles con los de tu pareja, y no puedes encontrar un compromiso satisfactorio.

- ¿Compartimos una visión similar del futuro?
- ¿Hay diferencias fundamentales en nuestros objetivos y valores que no podemos reconciliar?
- ¿Hemos discutido cómo podríamos comprometernos o ajustar nuestras metas para que ambos estemos satisfechos?

Cada situación es única y no todas estas señales deben estar presentes para justificar el fin de una relación. Sin embargo, si encuentras que varias de ellas resuenan contigo y tu circunstancia, puede ser útil considerar si el vínculo amoroso es verdaderamente saludable y satisfactorio para ti. Es importante buscar apoyo de amigos, familiares o un terapeuta para explorar tus sentimientos y tomar decisiones informadas.

Decir adiós. Fases de la ruptura

Acabar una relación puede ser uno de los instantes más desafiantes en la vida de una persona. Desde una perspectiva psicológica, este acto conlleva una serie de dificultades emocionales y cognitivas que requieren una atención cuidadosa para garantizar que la marcha sea un proceso de lo más saludable y respetuoso posible para las partes involucradas. Para ello, lo primero es elegir bien la ocasión para hablar.

Evita hacerlo durante una pelea o cuando ambos estéis estresados.

Busca una situación tranquila donde podáis charlar sin interrupciones y tengáis tiempo suficiente para procesar sobre lo que estáis tratando. Es esencial que hables desde tu propia experiencia en lugar de señalar con el dedo y echarle la culpa a la otra persona. Expresa cómo te sientes y qué necesitas en este momento de tu vida. Esto hará que la conversación sea más sobre ti y tus sentimientos en lugar de convertirse en un juego de culpas. Te pongo un ejemplo de diálogo:

ISABEL.—Ricardo, sé que últimamente hemos estado pasando por algunos altibajos, y quería hablarte sobre algo importante.

RICARDO.—¿Qué pasa?

ISABEL.—Bueno, he reflexionado mucho sobre nuestra relación, y creo que deberíamos tener una conversación honesta.

RICARDO.—Dime.

ISABEL.—Quiero ser sincera contigo y conmigo misma. Nuestras vidas están tomando direcciones diferentes y siento que emocionalmente ya no estamos en el mismo lugar. Me duele decirlo, pero sería mejor para ambos seguir por caminos separados.

RICARDO.—¿Vas a tirar todo por la borda?
ISABEL.—Merecemos ser felices y estar en relaciones donde nos sintamos plenamente realizados. Ahora mismo, seguir juntos me está impidiendo crecer y explorar nuevas oportunidades. Confío en que los dos encontraremos la felicidad en nuestras propias vidas.

Después, recuerda ponerte en los zapatos de tu pareja. Intenta imaginar cómo se sentirá al escuchar que quieres terminar. Valida sus emociones y muestra empatía. Escuchar de verdad es primordial en este punto. Tal vez reaccione llorando o tal vez se enfade y se vaya dando un portazo.

No todos sabemos gestionar este tipo de situaciones de manera efectiva y en ocasiones nos perdemos en la conversación. Entre tanta lágrima y perdones, volvemos a decir «esta es la última oportunidad», y sin quererlo nunca cerramos el ciclo y estamos en un círculo vicioso que nos lleva al mismo punto: la infelicidad. Sé fuerte, claro y directo. Evita dar vueltas o enviar señales confusas que solo empeoren las cosas.

«Sí, quiero dejarlo. Bueno… no sé… Es que te quiero mucho y todo esto me duele».	✗
«No es que ya no te quiera, es que necesito un tiempo para encontrarme a mí mismo».	✗
«No estoy seguro de si realmente te quiero o si solo es que estoy acostumbrado a ti».	✗

Si tu pareja tiene preguntas o necesita más información, sé honesto en tus respuestas, pero no olvides que no tienes que dar más detalles de los necesarios. Mantén tus límites y respeta tu propia privacidad así como la de tu pareja.

El proceso de ruptura es complejo y puede llegar a ser desgarrador. Una vez acabado el vínculo es importante reconocer y comprender las distintas etapas del desamor que componen estos momentos. Está claro que cada uno lo pasará de una forma distinta, pero se podrían resumir en cinco fases de duelo que coinciden bastante con las que se producen con la pérdida de un ser querido: negación, ira, negociación, depresión y aceptación. En ocasiones se superponen o incluso el orden varía.

Fase de negación

Cuando la relación termina, es como si te dieran un golpe en el estómago. Te quedas paralizado, sin saber muy bien qué hacer. Te sientes en estado de *shock*. La idea de que todo ha finalizado parece tan irreal que el cerebro se niega a considerarlo. Es como si estuvieras atrapado en un sueño del que esperas despertar en cualquier momento. «¡No puede ser verdad!», te dices.

Como psicóloga, quiero que sepas que esta reacción es completamente normal. Es tu mente la que está tratando de protegerte del inmenso dolor que viene con la aceptación de la ruptura. Las emociones están tan mezcladas que apenas eres capaz de distinguir una de otra. Pasar de estar aturdido a sentirte enojado, de estar desesperado a sentirte vacío, todo en cuestión de minutos.

**Esta es la clave:
no quedarse atrapado en la negación perpetua.
Aceptar la realidad es el primer paso
para comenzar a sanar.**

Permítete experimentar todas las emociones que surjan, incluso si son confusas o abrumadoras. No te juzgues, es parte del proceso.

Fase de ira

Al romperse el corazón en mil pedazos, la vida nos arrastra por caminos desconocidos, perdemos el control de todo y nos vemos sumergidos en un auténtico caos. De repente, las rutinas diarias se desmoronan, el futuro cambia y muchos de nuestros sueños desaparecen. Y claro, ¿cómo no sentirnos enfadados en medio de todo este desorden? Nos enojamos con el universo, con el destino y con esa persona que un día fue nuestro amor verdadero. Nos enfadamos con nosotros mismos por permitirnos enamorarnos, por haber aceptado muchas cosas que no queríamos, por no haber puesto límites antes y por creer en promesas que nunca llegaron a cumplirse.

Es como si quisiéramos gritarle al mundo entero lo injusta que es la vida, lo cruel que puede ser el amor. Pero tranquilo. La ira es solo una parada en nuestro viaje emocional. Es parte del proceso de adaptación y aceptación de esta nueva realidad que se nos presenta, así que date permiso para sentirte enfadado, para expresar tu rabia de manera saludable. Pero no te quedes atrapado en ella. Ya sabes que después de la tormenta siempre llega la calma.

Existen varias estrategias y ejercicios prácticos que te ayudan a procesar y gestionar la ira de una forma más sana. De algunos ya hablamos en el capítulo anterior. Recuerda la técnica de la respiración profunda o consciente para calmarte cuando sientas tensión o la de llevar un diario de emociones todos los días sobre lo que estás experimentado sin preocuparte por la coherencia. También hablamos de la importancia de canalizar la ira a través de la actividad física: correr, yoga, taichí... Lo que nunca debes dejar de hacer es tratarte con amabilidad y comprensión durante este periodo tan difícil. Repítete a menudo frases amorosas y compasivas como «me merezco amor y comprensión, incluso en momentos de dolor».

Fase de negociación

Aquí nos encontramos en una etapa de búsqueda activa de formas de recuperar lo perdido o evitar el sufrimiento. Es común experimentar gran variedad de pensamientos:

«¿Qué podría haber hecho para impedir esto?».
«Si su comportamiento cambia, ¿podremos volver a estar juntos?».
«Quizá solo necesitamos un poco más de tiempo para solucionar las cosas».
«¿Qué pasará ahora? ¿Cómo será mi vida sin estar a su lado?».
«Si pudiéramos hablar sobre esto, ¿encontraríamos una solución?».
«Quizá todo esto sea para mejor. Tal vez esta ruptura nos lleve a un lugar mejor en nuestras vidas».

Ya lo he dicho: cada persona y situación son únicas, por lo que los pensamientos y emociones pueden variar considerablemente. En algún momento incluso podríamos intentar reconectar con la pareja, hacer promesas de cambio, adaptar la actitud o buscar alternativas para resolver los problemas. Empezamos a subir canciones con indirectas en los perfiles de las redes sociales, buscamos cualquier vía posible para restablecer el contacto: WhatssApp, Instagram, sms… Lo único que queremos es evitar el dolor emocional que la ruptura conlleva y al final le llamamos, le decimos si quedamos, buscamos respuestas a algo que ya sabemos…

En esta fase nos atormentamos con frases como «¿qué hubiera pasado si...?» y buscamos formas de corregir los errores. Sin embargo, la negociación también implica aceptación. No hemos llegado a la ruptura por amor al arte, han pasado muchas cosas.

Para trabajar esta etapa, me gustaría que te hicieras algunas preguntas reflexivas. Te ayudarán a ver en tu interior tus propios actos o estados de ánimo.

- ¿Qué papel he desempeñado en la situación que nos llevó a esta ruptura?
- ¿Qué podría haber hecho diferente para evitar este desenlace?
- ¿Qué aspectos de mí necesito trabajar o mejorar para crecer a partir de esta experiencia?
- ¿Cuáles son mis expectativas para el futuro de esta relación?
- Las expectativas, ¿son realistas?
- ¿Qué estoy dispuesto a hacer para intentar resolver los problemas y salvar la relación?
- ¿Cuáles son mis límites personales y qué cosas no estoy dispuesto a aceptar o tolerar en una relación?

- ¿Cómo puedo comunicarme de manera efectiva con mi pareja para expresar mis sentimientos y necesidades?
- ¿Qué necesito para sanar en el aspecto emocional y seguir adelante, independientemente del resultado de esta negociación?
- ¿Cuáles son mis valores y prioridades en la vida, y cómo se alinean con la situación actual de mi relación?
- ¿Qué lecciones puedo aprender de lo que me ha ocurrido que me impulsen a crecer y evolucionar como persona?

Las respuestas harán que explores tus sentimientos, pensamientos y creencias durante esta fase. Al enfrentarte a estas preguntas de manera honesta, encontrarás claridad y dirección en medio de la confusión emocional en la que te encuentras.

Fase de depresión

Sí, ya se ha ido y ahora eres más consciente que nunca. Aquí la tristeza se convierte en tu compañera diaria, una sombra que no te deja en paz. No hay manera de evitarlo: te sientes roto, vacío y perdido. Es como si estuvieras en un túnel sin salida. Cada día parece una montaña que escalar, pero tus piernas se sienten demasiado débiles para subir. La autoestima se desploma y te cuestionas tu valía. Los recuerdos de lo que solía ser te atormentan y te preguntas si alguna vez volverás a sentirte completo.

La pérdida de la identidad que teníamos dentro de la pareja puede provocar sensación de confusión, inseguridad y falta de propósito, contribuyendo a la depresión. Por favor: llora, grita, desahógate… Haz lo que sea necesario para liberar esa carga emocional. No te juzgues por estar mal.

En esta etapa es fácil descuidarse, pero es crucial cuidar del bienestar. Come bien, haz ejercicio y duerme lo suficiente. No subestimes el poder de un cuerpo sano para ayudarte a lidiar con la tormenta emocional. Encuentra pequeñas alegrías en tu día a día, ya sea disfrutando de una taza de té caliente, dando un paseo por la naturaleza o perdiéndote en tu libro favorito. No tienes que luchar solo. Habla con amigos, familiares o un profesional. No tengas miedo de pedir ayuda. A veces, solo hablar con alguien que te escuche puede aliviar un poco la carga. Con cada día que pasa, te estás fortaleciendo y acercando más a la curación.

La depresión es una parada en el viaje, no el destino final.

Fase de aceptación

Este es el momento en el que comenzamos a hacer las paces con el pasado y miramos hacia adelante con esperanza y renovada determinación. Pero ¿qué significa realmente aceptar una ruptura? No significa resignarse o rendirse. Más bien implica reconocer la realidad de la situación y dejar de luchar contra ella. Es dejar ir a la necesidad de que las cosas hubieran sido diferentes y encontrar paz en el presente. Aceptar una ruptura es abrir espacio para nuevas posibilidades y crecimiento personal.

Esta fase no es un proceso lineal y lleva tiempo. Requiere reflexión, autoexploración y a veces un poco de coraje. Supone soltar el resentimiento hacia la otra persona y hacia uno mismo. Es un acto de autocompasión y amor propio.

Al final del túnel siempre hay luz. Al abrazar la aceptación te liberas del peso del pasado y te abres a un futuro repleto de posibilidades. Cada experiencia, incluso la más dolorosa, te fortalece y te prepara para enfrentar lo que viene. Eres más resiliente de lo que crees y mereces todo el amor y la felicidad que el mundo tiene para ofrecerte.

Tu historia no ha terminado todavía, ¡lo mejor está por venir!

Recapitulemos

- Ante una relación que parece estancada o desequilibrada es importante ser consciente de las señales que indican que algo no va bien.

- Hablar sobre los sentimientos alivia la carga emocional y ayuda a tener mayor perspectiva sobre la situación.

- Durante una ruptura es natural experimentar distintas emociones, desde ira y tristeza hasta confusión y depresión. Reconocerlas es parte del proceso de curación y crecimiento.

- Es vital no descuidar la salud física y emocional durante este periodo tan difícil. Hay que dedicar tiempo para hacer ejercicio, comer sano y descansar lo suficiente. De esta forma nos enfrentamos a los desafíos de la ruptura con más fortaleza y resiliencia.

- El camino hacia la curación puede ser largo, pero cada paso nos acerca un poco más a la plenitud y la realización.

Agradecimientos

No puedo comenzar sin rendir primero homenaje a los que han sido la inspiración, el apoyo y la razón detrás de cada renglón escrito.

A mi amado hijo Mateo, cuya llegada a este mundo el 27 de octubre de 2021 iluminó mi existencia con una luz que nunca antes había conocido. Mateo, cada día has sido una lección de amor incondicional, paciencia y descubrimiento. Tú, pequeño ser, eres mi mayor maestro. Me has enseñado que el verdadero significado de la vida radica en los momentos simples, en las sonrisas inocentes y en el poder del vínculo familiar. A ti, mi querido hijo, te doy las gracias y espero que encuentres en estas páginas algún día el camino hacia el amor sano y maduro.

A mi esposo, mi compañero en esta travesía llamada vida, quiero darte las gracias desde lo más profundo de mi corazón. Tu apoyo inquebrantable, comprensión y amor son los cimientos sobre los que he construido mis sueños y aspiraciones. Gracias por ser el padre ejemplar que eres y por alentarme a perseguir mis pasiones, incluso cuando eso significa asumir más responsabilidades en casa.

A mis padres, que me enseñaron el valor del esfuerzo y la perseverancia, les debo todo lo que soy. Vuestra guía y vuestro apoyo constante han sido el faro que ha iluminado mi camino en los tiempos oscuros y turbulentos.

A mi hermana Mabel, mi confidente y amiga. Gracias por estar siempre, por escucharme e infundirme aliento incluso cuando las adversidades parecían insuperables.

A mis amigos, esos pilares de fortaleza y alegría en los momentos de celebración. Gracias por ser mi red de seguridad, por acompañarme en cada paso del camino y por recordarme que la verdadera riqueza reside en las relaciones que cultivamos.

Quiero expresar mi más profundo agradecimiento a todos mis maravillosos seguidores de Instagram por su apoyo constante; a mi prima Araceli, la talentosa ilustradora de este libro. También gracias a mis amigas Anais, quien prometió desde hace mucho tiempo ser la primera en comprar mi libro si me decidía a escribir uno; a Rosario, que ha conseguido darme siempre un rayito de luz en los días más grises; y a María y a Ana, por acompañarme desde el instituto hasta el día de hoy.

Este libro no solo es un testimonio de mi trabajo y dedicación, sino también una invitación a reflexionar sobre la importancia de los vínculos humanos, del crecimiento personal y del compromiso mutuo. En una sociedad donde las relaciones a menudo se ven desafiadas por la distancia y las diferencias es crucial recordar que cada lazo se nutre de la voluntad de ambas partes de cultivarlo, de regarlo con cuidado y de protegerlo de las tormentas que puedan surgir.

www.ingramcontent.com/pod-product-compliance
Lightning Source LLC
LaVergne TN
LVHW090938080826
845145LV00003B/795

* 9 7 8 8 4 1 0 6 4 0 7 7 1 *